面向"十二五"教学课程改革立项教材
会计与财务管理专业规划系列教材

会计分岗综合模拟实训

KUAIJI FENGANG ZONGHE MONI SHIXUN

主　编　杨丽君　杨福清
副主编　葛翠华　张玉凤

中国商业出版社

图书在版编目(CIP)数据

会计分岗综合模拟实训/杨丽君,杨福清主编.—北京:中国商业出版社,2015.1

ISBN 978-7-5044-6353-1

Ⅰ.会… Ⅱ.①杨…②杨… Ⅲ.会计—职业教育—教材
Ⅳ.F23

中国版本图书馆 CIP 数据核字(2008)第 202481 号

责任编辑:刘毕林

中国商业出版社出版发行
(北京广安门内报国寺 1 号　邮编:100053)
新华书店总店北京发行所经销
北京高岭印刷有限公司印刷

787×1092 毫米　开本:1/16　印张:20.5　字数:220 千字
2015 年 1 月第 1 版　2015 年 1 月第 2 次印刷

定价:45.00 元

*　*
(如有印装质量问题可更换)

总　序

当今世界科学技术在高速发展，随着我国新会计准则、新税法的颁布和实施，我国的会计与国际会计惯例基本接轨，我国即将建立起社会主义经济体制和与它相适应的中国会计核算规范体系。从会计教育改革与发展的大环境考虑，现在许多老版的会计教材都不能适应当前教学所需，改革和建立会计教育的教学内容与课程体系，不仅非常紧迫而且十分重要，它关系到我们应培养什么样的会计人才，才能适应我国快速发展及对世界开放不断扩大的需要。为此，我们及时组织全国三十多所会计专业教学实力比较强的院校代表齐聚北京，针对当前会计人才的需求，对会计专业职业教育进行了研讨，与会代表决定就中小企业人才需要的教育目标和人才培养定位编写了这套教材。本套教材特点：

第一，"新"：该套系列教材，在内容和体系上立意新、整体性强，不仅是按新会计准则编写，而且又专门针对中小企业会计的需要设计了一门课程——《中小企业会计实务》，这是过去会计类教材很少有的。

第二，"强"：该套教材具有较强的前瞻性，由于中国经济改革越来越深入，金融、证券等资本市场越来越规范，财务与会计改革的节奏日益加快，会计专业教材的"经济寿命"越来越短的因素影响，本套教材在课程设计时，尽量使课程之间相互递进、相得益彰，符合教学规律，并且有一定的后续性。

第三，"巧"：该套教材总体结构比较巧妙，本着"必需、够用、可教、可学"的原则构思，以案例模块的方式编写，同时穿插具有趣味的会计小知识，力求改变会计教学中的"数字教学"方式，提高学生的学习兴趣，丰富教学内容。

新会计专业教材编写组

编写说明

本书是以最新的《会计准则》、《小企业会计制度》以及《会计基础工作规范》为编写依据,配合会计专业的主干课程,立足会计实践性岗位,突出会计专业的实践性教学。通过学生对各种会计岗位的模拟训练,角色扮演,增强同学的岗位责任意识,培养学生相互协作的精神。通过中小企业会计综合模拟训练,能培养学生独立处理问题的能力,为毕业学生的就业打下一个良好的基础。

本套分岗综合模拟实训教材的特点,表现在以下几个方面:一是仿真性。模拟一个中小型工业企业一个月的基本业务,分岗位让学生体会每一个岗位应具备的岗位知识、技能,明确本岗位该做什么(岗位职责),怎样做(岗位要求)。二是完整性。本资料包含了《基础会计》、《财务会计》、《成本会计》、《商业会计》、《餐饮旅游企业会计》等相关课程的实践性操作内容,实习资料详实,业务广泛。三是可操作性。分岗实训和综合模拟实训资料,既可以在组织教学过程中根据教学进度,选用部分内容;也可以选取任意一部分,作为专门的实训内容。四是实用性。有不少的同学反映,在学校期间,由于时间仓促,很多学校没有开设餐饮旅游方面的会计核算课程,而实际就业时,这些服务性的行业对会计的需求相对较多。基于此,我们特增加了旅游餐饮会计的综合模拟实训。

本书由杨丽君、杨福清担任主编,葛翠华、张玉凤担任副主编。参加编写的人员有四川省商贸学校杨丽君(第一章,第二章第一单元、第二单元的实训一、四、五、八,第三章的第一单元);北京供销学校杨福清(第二章第一单元、第二单元的实训三、六);北京供销学校张玉凤(第二单元的实训二、七);北京黄庄职业高中葛翠华、吉林省通化市财经学校林冬梅(第三章的第二单元);徐州技师学院的李桂萍(第三章的第三单元)。最后由四川省商贸学校杨丽君对全书进行了总纂。本书适用于高等职业技术学院会计专业、中等职业学校(职业高中)的会计专业学生日常教学以及模拟实习用书,也可以作为财经类专业的学生及广大的会计自学者提高专业实践技能的用书。

由于编写时间较仓促,缺点、疏漏在所难免,恳请广大读者特别是实习指导老师提出宝贵意见,以便进一步完善。

编　者

2015 年 1 月

目 录

第一章　总　论

一、实训目的

旨在提高会计专业同学的专业动手能力，缩短课本知识与实际工作的距离，巩固所学的知识，培养学生分析问题、解决问题的能力，从而为以后的就业打下一个良好的基础。

二、本套实训教材的框架体系

(一)会计分岗综合模拟实训

本部分主要考虑在实际会计工作中，每一个岗位所应该做的具体工作。实际训练时，要求学生知道该岗位所应该具备的岗位知识与技能，岗位职责与具体的核算要求。该资料模拟的是一个中小型工业企业一个月的主要业务，本次模拟实训，我们把它分成了八个核算岗位，进行模拟核算，采用的是一套核算资料。其中，主办会计岗位负责控制整个核算并监督核算过程，具体要负责整个企业的利润形成与总分类核算，并编写财务报表，同时负责全面的复核工作。其余的七个核算岗位主要负责各自的明细核算以及该岗位所承担的一些具体核算与管理工作。

(二)企业综合模拟实训

1. 工业企业的综合模拟实训

该部分训练的重点是小型工业企业的成本核算过程，熟悉实际成本法下，综合逐步结转分步的核算，核算程序要求采用记账凭证账务处理程序。

2. 商业企业的综合模拟实训

该部分的训练重点突出的是商业企业批发、零售的会计核算特点，批发采用数量进价金额核算，零售采用售价金额核算。

3. 餐旅企业的综合模拟实训

该部分的训练重点突出的是餐饮、旅游企业的会计核算特点，特别是这一部分的成本核算，不同于工商企业，一般只在月末核算经营单位或经营种类耗用原材料的总成本，单列其他费用支出，不核算其单位成本。

三、分岗实训的岗位设置

在《会计基础工作规范》中规定，会计工作岗位一般包括会计机构负责人或会计主管人员、出纳、财产物资核算、职工薪金核算、成本费用核算、财务成果核算、资金核算、往来结算、总账报表、稽核档案管理等。实践中，企业可以根据自己规模大小、业务量的多少，对以上岗位进行合并或再细分。会计岗位可以采用一人一岗、一人多岗、或一岗多人。分岗必须注意内部会计控制中“钱、账、物”分管原则，出纳不得兼管稽核、会计档案的保管，收入、费用、债权债务账目的登记工作。对于企业的会计人员要有计划地进行岗位轮换，从而使会计人员能更全面地了解和熟悉企业的各项会计工作，提高业务水平。本次模拟实训的分岗情况如下：

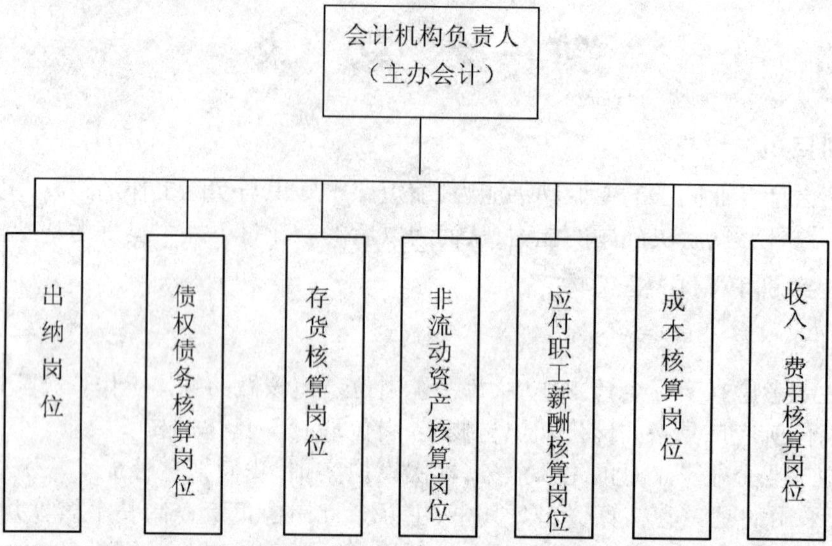

其中，主办会计岗位负责全面审核工作、进行利润形成及总分类核算，同时负责报账工作。其余岗位主要进行各自的明细核算以及各自的一些分内工作。

四、实训组织建议

本套分岗实训部分，老师可以在讲授《财务会计》、《成本会计》的过程中，有针对性地选用相关内容进行实训，也可以在毕业前的综合模拟实习中采用。分岗实习的具体组织，要求模拟现场办公环境，配备相应的实习用具及资料，由实习指导老师和模拟角色的组织者（主办会计）一起制定合理的账务处理程序及凭证传递流程。可以采取由老师统一组织，学生统一实习内容；也可以由老师统一组织，学生分组轮岗实训。本套工业、商业、餐旅服务业综合模拟实训部分，建议由学生自己独立完成，指导老师只就实训中差异化部分做指导。

第二章　工业企业会计分岗实训

第一单元　会计分岗实训初始资料

一、模拟企业初始资料

（一）模拟企业基本情况

1. 企业名称：北京晨星工厂

地　址：北京市昌顺路 58 号

联系电话：010—68899770

法定代表人：王艳

2. 经营范围：

主营：生产 YA 配件、JZ 配件、M 型仪器产品；销售 M 型仪器及相关配件。

3. 企业类型：中小型企业

4. 企业代码：110108601683553

税务计算机代码：国税：110108601683553

地税：07800010

纳税人登记号：110108601683553

5. 注册资金：法人资本金 1080000 元。

6. 银行开户情况：

基本存款账户：工商银行北京市分行科园分理处

账号：555522 - 66

7. 生产类型：大量大批多步骤生产。

8. 工艺流程：

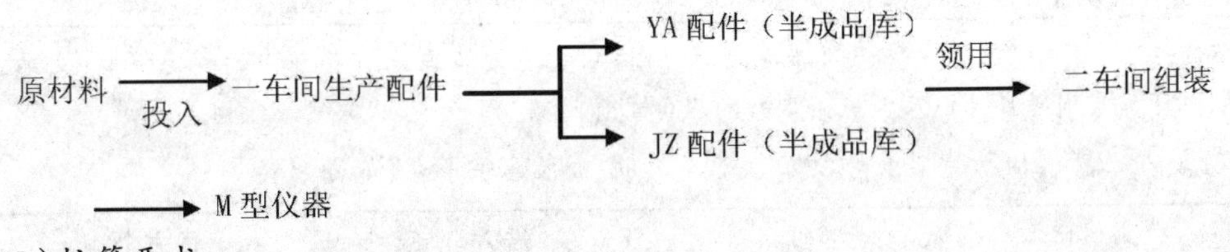

（二）核算要求

1. 记账凭证：采用通用记账凭证；凭证编号为满足分岗实训的方便，要求按题目顺序编号。

2. 账务处理程序：采用科目汇总表账务处理程序。

3. 成本计算方法：采用综合逐步结转分步法。设"自制半成品"仓库，基本车间设置"基本生产成本"、"制造费用"账户，基本生产成本账户按车间分产品设置明细账，制造费用按车间设置明细账。

4. 机修车间、供电车间为辅助车间，为全厂提供服务。辅助生产成本采用一次直接分配法分配，辅助生产车间成本核算不设“制造费用”账户。

5. 计提坏账准备，年末对应收账款的账面价值进行减值测试，据资信情况按应收账款余额的4‰计提。坏账损失采用备抵法核算。

6. 入库的原材料采用计划成本核算，入库材料的计划成本差异逐笔结转，材料成本差异率按个别差价率计算确定，发出材料的成本差异在月末汇总后统一分摊结转。

7. 包装物、低值易耗品按实际成本计价，领用时采用一次摊销。

8. 本月生产YA配件、JZ配件、M型仪器的成本均采用约当产量法计算，领用半成品、销售产品的成本按先进先出法计算。

9. 该企业为增值税一般纳税人，增值税税率为17%，所得税税率25%。城市维护建设税税率7%，教育费附加率3%。按10%税后利润提取法定盈余公积金。

10. 固定资产折旧采用平均年限法。

11. 生产费用分配的核算要求。

(1)原材料在生产开始的时候一次投入。

(2)一车间制造费用按生产工时比例分配。二车间的制造费用直接转入M型产品的成本。

(3)各步骤在产品的完工率均为50%。

(4)费用分配额保留小数后两位数。

12. 与工资有关的各项基金、经费的计提比例

项　目	计提依据	计提比例	
		企业负担	个人负担
工会经费	月工资总额	2%	
职工教育经费	月工资总额	1.5%	
职工福利费	月工资总额	3%	
养老保险	月工资总额	20%	8%
医疗保险	月工资总额	10%	2%
失业保险	月工资总额	1.5%	0.5%
工伤保险	月工资总额	1%	
生育保险	月工资总额	0.8%	
住房公积金	月工资总额	8%	8%

（注意：实际工作中“五险、一金”的计提比例、计提基数要按照当地有关部门的规定提取、交纳，为了简化核算资料，本套实训题目计提基数采用本月的应付工资总额。）

（三）晨星工厂2007年12月初有关总账、明细账账户余额如下：

总账科目	明细科目	借方金额	贷方金额
库存现金		11360	
银行存款		407438	
其他货币资金			
交易性金融资产	成本	20000	
应收票据		21000	

续表

总账科目	明细科目	借方金额	贷方金额
应收账款		191630	
坏账准备			1350
预付账款		6970	
其他应收款		14440	
周转材料		18000	
材料采购		4000	
原材料		149500	
材料成本差异			7760
自制半成品		120800	
库存商品		73200	
生产成本	基本生产成本	145700	
长期股权投资	其他投资	371440	
固定资产		884140	
累计折旧			181310
在建工程	设备安装工程	37120	
无形资产	YY—1 专利权	31100	
累计摊销			8200
长期待摊费用		14200	
短期借款			386000
应付票据			19000
应付账款			321286
预收账款			10200
应付职工薪酬			90498
应交税费			13200
应付利息			1000
其他应付款			10440
长期借款			104000
实收资本			1080000
资本公积			65659
盈余公积	法定盈余公积		52685
本年利润			143200
利润分配	未分配利润		26250
合　计		2522038	2522038

注：本年利润 143200 为 1～11 月份已实现的税后利润累计数。

其余有关明细账的期初余额如下：

应收账款——万向公司 64000
——宏达公司 5000
——方圆公司 52000
——昌华材料厂 70630

应收票据——太阳公司 21000
预付账款—河北同发公司 6970
其他应收款——李涛 4000
——张星 10440

材料成本差异——甲材料 3000（借方）
——乙材料 7000（贷方）
——丙材料 3760（贷方）

固定资产 ——一车间生产用 552180
二车间生产用 271960
厂部管理用 60000
（注意：固定资产具体名称略）

应付票据——郑阳公司 19000
应付账款——华烁化工 92306
——中兴公司 56480
——光大工厂 56200
——美丰公司 102300
——南山公司 14000
预收账款——汇源公司 10200
其他应付款——包装物押金 10440

应付职工薪酬——住房公积金 2490
—— 工资 61000
——养老保险 6510
——医疗保险 5500
——失业保险 4500
——工伤保险 610
——生育保险 488
——工会经费 3500
——职工教育经费 5000
——职工福利费 900

应交税费——应交所得税 7946
——未交增值税 4772
——应交城建税 337
——应交教育费附加 145

实收资本——华联公司 216000
——亚泰集团 656000
——常铝股份 208000

材料采购明细账

材料名称	单位	数量	单价	金额
乙材料	kg	500	8.00	4000

原材料明细账

材料名称	单位	数量	计划单价	金额
甲材料	kg	13000	5.00	65000
乙材料	kg	9500	6.00	57000
丙材料	kg	11000	2.50	27500
合计				149500

包装物明细账

包装物名称	单位	数量	单价	金额
木箱	个	100	20.00	2000

低值易耗品明细账

名称	单位	数量	单价	金额
手套	双	1000	3.00	3000
节能灯	套	100	40.00	4000
肥皂	个	400	2.00	800
机油	千克	100	5.50	550
F材料	千克	1700	4.50	7650
合计				16000

库存商品明细账

商品名称	单位	数量	单位成本	金额
M型仪器	台	800	91.5	73200

自制半成品明细账

半成品名称	单位	数量	单位成本	金额
YA配件	件	3444	25	86100
JZ配件	件	2000	17.35	34700
合计				120800

生产成本——基本生产成本明细账

产品名称	单位	数量	直接材料	直接人工	制造费用	合计
YA配件	件	1200	14640	7350	1650	23640
JZ配件	件	1250	10750	8250	760	19760
M型仪器	件	1100	20460	25575	56265	102300
合计			45850	41175	58675	145700

(四)其他与成本计算相关的资料:

产 量 记 录 单

项目	YA配件	JZ配件	M型仪器
月初在产品(件)	1200	1250	1100
本月投产(件)	5000	4250	950
本月完工(件)	4000	3500	1200
月末在产品(件)	2200	2000	850

产品加工工时统计表

配件名称	工时（小时）
YA 配件	15000
JZ 配件	11000
M 型产品	21000

（五）北京晨星工厂 12 月份发生的经济业务如下：

1.1 日，上月向南山公司购进的乙材料 3000 千克，发票已到，实际买价每千克 5.5 元，增值税率 17%，在上月末已按 14000 元估价入库，现企业用银行存款支付货款，结转入库材料的成本差异。

2.1 日，用现金购入文具等办公用品 680 元。其中：厂部领用 280 元，一车间领用 200 元，二车间领用 200 元。

3.2 日，从银行提取现金 20000 元备用。

4.2 日，采购员李涛出差回来报销差旅费 4800 元，结清原预借款 4000 元，用现金补足个人垫付款项 800 元。

5.3 日，从河北同发公司购入甲材料 8000 千克、乙材料 5000 千克、丙材料 7000 千克，三种材料实际购买单价分别为 5.10 元、5 元、2 元，增值税率为 17%。结清 11 月预付货款，余款开出三个月期的商业承兑汇票；另用现金支付运费 1000 元；材料已验收入库；结转入库材料成本差异。

6.4 日，用银行存款缴纳上月未交所得税 7946 元、增值税 4772 元、城建税 337 元、教育费附加 145 元。

7.5 日，用银行存款上交上月未交的住房公积金 2490 元，及各种社会保险金 17608 元。

8.6 日，销售给华兴公司 M 型仪器 1500 件，价款 337500 元，增值税 57375 元，以银行存款垫付 1800 元运费，货款及运费已办妥托收承付收款手续。

9.9 日，企业一车间一台钻床报废转入固定资产清理，原值为 30000 元，已经计提折旧 14000 元，用现金支付清理费 200 元，残料估价 5400 元已经入库，作低值易耗品使用，结转清理的净损失。

10.9 日，接受北京京西集团全新固定资产捐赠：发票价款 100000 元，增值税 17000 元，另用现金支付安装费 500 元，现已安装完毕，交一车间投入使用。

11.10 日，从北京市仪表厂购入 YY－2 专利权一项 10 万元，用银行存款支付，另专利转让注册登记费 1500 元，以现金付讫。

12.10 日，接银行通知，原托收的昌华材料厂货款 50000 元已收回入账。

13.10 日，用银行存款 50000 元办理银行汇票，准备到上海新星材料公司采购材料。

14. 10 日，厂部报销汽车检修费 4000 元，增值税 680 元，以转账支票付讫。

15. 11 日，出租给本市新星公司包装木箱 100 个，单位成本 10 元，包装木箱押金每个 15 元，款已转账存入银行。

16. 12 日，以现金支付职工培训费 2310 元。

17. 13 日，向银行借入短期借款 150 万元，存入银行。

18. 14 日，以现金支付业务招待费 2280 元。

19. 14 日，出售给本市华泰公司甲材料 600 千克，单价 6 元，增值税率 17%，款项尚未收到。同时结转已销甲材料成本。

20. 14 日，购北京长城公司甲材料 5000 千克，单价 4.8 元，增值税率 17%，货款尚未支付，材料尚未入库。

21. 15 日，现金支付二车间 M 型产品的鉴定费 1500 元。

22. 15 日，原托收方圆公司货款 52000 元已收回，收到银行转来的“收账通知”。

23. 15 日，通过银行信汇前欠中兴公司的货款 56480 元。

24. 17 日，本月耗用外购电力 62500 度，每度 0.6 元。其中一车间生产两种配件共同耗电 30000 度，二车间生产用电 11000 度，机修车间耗电 12000 度，供汽车间耗电 6500 度，基本生产一车间照明用电 800 度，二车间照明用电 350 度，企业管理部门用电 1850 度。一车间生产用电按工时比例在两种配件之间分配。该电力公司的电费在下月初支付。

25. 18 日，以银行存款支付郑阳公司到期的银行承兑汇票及利息款 19760 元。

26. 18 日，以银行存款预付下年度的机动车保险费 4200 元。

27. 18 日，以现金支付二车间修理费 1600 元，增值税 272 元。

28. 18 日，基本生产二车间本月组装生产 M 型产品 950 件，领用半成品 YA 配件 500 件、JZ 配件 600 件，按先进先出法计算领用半成品的成本。

29. 19 日，基本生产二车间组装 M 型仪器，从库房领用低值易耗品 1800 元。

30. 20 日，新星公司退还包装木箱 100 个，扣除使用费 200 元，退还其余押金。

31. 20 日，从长城公司购入的甲材料验收入库，同时结转入库材料的成本差异。

32. 20 日，上月购入的需安装冲床设备，本月安装竣工，月初该在建工程的总成本 37120 元，本月用现金支付临时安装人员的工资 600 元，安装完毕，交一车间使用。

33. 20 日，美丰公司开来期限 6 个月的银行承兑汇票 50000 元，抵付原欠款。

34. 21 日，机修车间领用低值易耗品 2525 元进行机器修理。

35. 22 日，经批准核销确实无法收回的宏达公司货款 5000 元。

36. 22 日，出售给东方公司 M 型仪器 500 件，单价 230 元，增值税率 17%，已经收到对方办理的为期 3 个月的商业承兑汇票一张。

37. 本月的工资薪酬费用分配汇总表。

项　目	一车间	二车间	机修车间	供汽车间
生产工人	25350	14936	2238	2080
车间管理人员	4385	4048	1520	1750

另厂部行政管理人员工资12170元，企业销售人员的工资8500元。一车间生产工人的工资按生产配件的工时比例分配。

38. 根据本月的工资计提工会经费、职工教育经费、住房公积金、基本养老保险、失业保险等，并计算代扣个人所得税。

39. 23日，以银行存款支付上月工资，扣除个人代扣款项8000元，实际发放53000元，代扣款项上月已做管理费用。

40. 24日，上月购入的乙材料500千克，现已如数验收入库，结转材料成本差异。

41. 25日，出售给万向公司YA配件1000件，单价45元，JZ配件800件，单价35元，增值税率17%，已经办妥了委托银行收款的收款手续。

42. 25日，用现金1800元支付本月的垃圾清运费。

43. 25日，将暂时闲置资金150000元，存入证券账户；同日用证券账户资金从二级市场购入宝钢股份(600019)股票10000股，每股11.2元，佣金及印花税等794元，单位决定将其作为交易性金融资产处理。

44. 26日，买入北京合金厂20%的股份，实际支付价款28万元，相关税费2000元，全部转账付讫。取得股权后，能够对合金厂的经营实施重大影响。

45. 27日，用存款归还工商银行临时借款50000元。

46. 28日，用转账支票进行债券投资，该债券是今年6月28日购入的金地企业同日发行的两年期公司债券，面值50000元，票面年利率6%，买入成本50600元，每年付息一次，到期还本，现单位准备持有至到期。

47. 29日，以现金支付产品销售费用3635元。

48. 30日，职工王伟出差，预借差旅费2000元，用现金支付。

49. 30日，向成都万兴机械公司购入2台不需要安装的设备，售价总计76万元，增值税129200元，途中发生运费10800元，款项全部用银行存款支付。该固定资产交二车间使用。

50. 31日，汇总本月发出材料的计划成本，结转材料的成本差异。

材料成本差异计算表

2007年12月

项目	原材料计划成本			材料成本差异			材料成本差异率　%
	期初	本期收入	合计	期初	本期收入	合计	
甲材料							
乙材料							
丙材料							
合计							

本月发出材料汇总表

2007 年 12 月

总账科目	明细科目	甲材料		乙材料		丙材料		计划成本金额合计	负担材料成本差异	实际成本合计
		数量	金额	数量	金额	数量	金额			
生产成本（一车间）	YA 配件	7600		4200		2200				
	JZ 配件	5600		1650		960				
制造费用（一车间）	机物料消耗	/				1800				
制造费用（二车间）	M 型仪器	500								
生产成本（辅助生产成本）	机修车间	1010				200				
	供汽车间	300		/		/				
管理费用	修理费	/		/		220				
其它业务成本	材料销售	6000								
合　计		21010		5850		5380				

复核：　　　　　　　　会计：阳平　　　　　　　　制表：令风

51. 31 日，出售 25 日购入的宝钢股份 10000 股，每股 13 元，扣除相关费用后收入 129146 元，款已经转回基本存款户。

52. 31 日，摊销本月账面无形资产，YY—1 摊销期 5 年，YY—2 摊销期 10 年，按直线法摊销，两项专利均为一车间使用。

53. 31 日，计提各部门本月固定资产折旧。

固定资产折旧计算表

2007 年 12 月

	原值	年折旧率	月折旧额
一车间用	552180	2.5%	
二车间用	271960	2.5%	
管理用	60000	2%	

复核：　　　　　　　　会计：阳平　　　　　　　　制表：令风

54. 31 日，本月一车间领用的包装物 1800 元；低值易耗品 2000 元。

55. 31 日，支付第四季度银行短期贷款利息 2250 元，其中 10、11 月已计提利息 1000 元。

56. 31 日，汇总分配本月辅助生产费用，填制辅助生产费用分配表。

辅助生产车间提供劳务量汇总表

2007 年 12 月

受益对象		供汽(方)	机修(小时)
辅助生产部门	机修车间	200	
	供汽车间		100
一车间		5000	800
二车间		4000	2000
管理部门		3000	500
合计		12200	3400

复核:　　　　会计:阳平　　　　制表 :令风

辅助生产费用分配表(直接分配)

2007 年 12 月

辅助车间名称			供汽车间	机修车间	合计
待分配费用					
供应辅助生产部门以外单位的劳务量					
费用分配率(单位成本)					
应借账户	制造费用一车间	耗用劳务量			
		应分配金额			
	制造费用二车间	耗用劳务量			
		应分配金额			
	管理费用	耗用劳务量			
		应分配金额			
分配金额合计					

复核:　　　　会计:阳平　　　　制表 :令风

57. 31 日,本月对库存商品进行盘存,发现产品短缺 2 台,每台按 91. 5 元记入"待处理财产损溢",后经批准核销。

58. 31 日,按一车间生产工人的工时比例分配本月一车间的制造费用。二车间的制造费用直接转入本月生产 M 型产品的成本。

59. 31 日,在全部业务登账的基础上,按约当产量法计算 YA 配件、JZ 配件完工半产品的成本。

60. 31 日,按约当产量法计算 M 型仪器完工 1200 件产品的成本;

61. 按先进先出法计算并结转本月已经销售 YA 配件、JZ 配件、M 型仪器的成本。

62. 31 日,收到本季度银行存款利息通知单 1500 元。

63. 31 日,用银行汇票支付欠光大工厂的货款 56200 元。

64. 采用托收承付收回华兴公司的欠款 200000 元存入银行。

65.31 日，根据月末应收款项余额，按千分之四计提坏账准备。

66.31 日，计算本月应交增值税，并计提城建税和教育费附加。

67.31 日，将本月损益类账户结转到“本年利润”账户。

68.31 日，计提本月应交所得税费用。

税后利润计算表

2007 年 12 月 31 日

项 目	金 额	备 注
税前利润		
减：应交所得税		
税后利润		

会计：阳平　　复核：　　制表：罗林

69.31 日，将所得税费用结转到本年利润账户。

70.31 日，结转本年利润账户，并对年末利润进行分配，按 10% 提取法定盈余公积金，再将剩余利润的 60% 分配给投资者。

71.31 日，将“利润分配”账户下有关明细账余额转到“未分配利润”明细账户。

第二单元　分岗位实训

实训一　出纳会计岗位实训

一、岗位知识与技能要求：

1. 了解会计相关的法律、法规知识。
2. 掌握现金的开支范围、库存现金限额的核定要求。
3. 了解票据结算知识，掌握填写结算凭证，办理日常结算业务的技能。
4. 掌握货币资金的收付核算知识。
5. 掌握交易性金融资产的核算知识。
6. 掌握账簿的登记、对账、结账、错账的更正等技能。
7. 熟悉计算机、会计电算化基础知识及操作技能。
8. 掌握各种真假钞票的鉴别技能。
9. 熟练的点钞技能。
10. 掌握与银行对账、编制银行存款余额调节表的技能。

二、岗位职责：

1. 负责签发支票。
2. 负责办理银行结算。
3. 负责及时到银行取回结算票据。
4. 负责人民币现金、外汇现金、银行定期存款存单、有价证券、贵重物品、空白单证的管理。
5. 负责现金日记账、银行存款日记账逐日逐笔登记。
6. 每天下班前盘点库存现金，做到日清月结，发现差错查找不过夜，对不按现 金管理规定进行盘点清查而造成的资金损失,由个人负责赔偿。

7. 不超限额保存现金,不私借、挪用公款,不用"白条"顶替库存现金,不为其它单位、部门用支票套取现金。

8. 负责认真执行银行账户管理和结算规定,不向外单位和个人出租出借银行账户,严格执行票据法规定,支票使用必须按规定要素填写。不利用银行账户搞非法活动。

9. 负责现金、银行存款日记账的对账工作,做到账款相符、账账相符,及时编制"银行存款余额调节表",做好未达账项的清理工作。

10. 完成领导交办的其它临时性工作。

三、岗位实训要求:

1. 根据资料填制账簿启用表,建立现金、银行存款日记账,并登记期初余额。

2 . 填制各种结算凭证。

3. 根据本岗位给出的原始凭证编制记账凭证。

4. 按业务发生的先后顺序逐笔登记现金、银行存款日记账。

5. 与银行对账单对账,并编制银行存款余额调节表。

6. 就本岗位的记账凭证编制科目汇总表。

四、岗位实训资料:

见业务题 3、13、26、43、51。另见与现金、银行存款相关的业务

五、部分原始单证:

业务 3—1

中国工商银行
现金支票存根

支票号码:
科目:
对方科目:
签发日期:2007 年 12 月 2 日

收款人:北京晨星工厂
金额:¥20 000.00
用途:提现备用
备注:

单位主管:阳平　　会 计:阳平:
复　核:　　　　记 账:王敏

业务 13—1

中国工商银行 北京市分行银行汇票申请书(存根)

申请日期:2007 年 12 月 10 日　　　　**第 3 号**

申请人	北京晨星工厂	收款人	上海星星材料公司
开户行	工行北京分行科园分理处	开户行	工行上海市分行虹口分理处
账号或住址	555522—66	账号或住址	60200004598
用途	采购材料	代理付款行	
汇票金额	人民币(大写):伍万元整	千 百 十 万 千 百 十 元 角 分	¥ 5 0 0 0 0 0 0
备注:		科目: 对方科目 财务主管:阳平　复核　经办:王敏	

此联申请人留存

中国工商银行 汇票专用章 2007.12.10

业务 13—2

付款期限(壹个月)

中 国 工 商 银 行　2　　　AB45974

银 行 汇 票　　　**第 3 号**

出票日期:(大写)	贰零零柒年壹拾贰月拾日	代理付款行:	行号:
收款人:上海星星材料公司		账号: 60200004598	
出票金额	人民币(大写) 伍万元整		
实际结算金额	人民币(大写)	千 百 十 万 千 百 十 元 角 分	¥ 5 0 0 0 0 0 0

账号或住址:

申请人:北京晨星工厂
出票行: 工行北京分行科园分理处
备　注:
凭票付款
出票行盖章

多余金额	科目(借)………… 对方科目(贷)…… 兑付日期年月日 复核　记账

中国工商银行 汇票专用章 2007.12.10

此联代理代理付款行付款后作联行往来借方凭证附件

业务 13—3

付款期限（壹个月）	中国工商银行 银行汇票	解讫通知	3	AB45973 第3号

出票日期:（大写）	贰零零柒年壹拾贰月拾日	代理付款行:				行号:					
收款人:		账号:									
出票金额	人民币（大写） 伍万元整										
实际结算金额	人民币（大写）	千	百	十	万	千	百	十	元	角	分
				¥	5	0	0	0	0	0	0

由出票行作多余款贷方凭证此联代理代理付款行付款后随报单寄出票行

账号或住址:

申请人:北京晨星工厂

出票行: 工行北京分行科园分理处

备 注:

凭票付款

兑付行盖章

多余金额	科目(借)………
	对方科目(贷)………
	兑付日期年月日
	复核 记账

（印章：中国工商银行 汇票专用章 2007.12.10）

业务 26—1

PICC 中国人民财产保险股份有限公司

保险业专用发票

发票联

（印章：全国统一发票监制章 北京 国家税务总局监制）

发票代码:251000631122

发票号码:00138932

开票日期:2007年12月18日

付款人:北京晨星工厂	
承保险种:一般机动车交通强制保险	保险单号:PDAA200751060201002589 PDAA200751060201002590 PDAA200751060201002591 PDAA200751060201002592
保险费金额:(大写)人民币肆仟贰佰元正	小写:¥4200.00
附注:四辆车的强制险	

经手人:卢爽 复核: 保险公司:(盖章)

（印章：中国人民财产保险股份有限公司北京分公司 财务专用章）

业务 26—2

中国工商银行 **转账支票存根**
支票号码:
科目:
对方科目:
签发日期:2007 年 12 月 18 日
收款人:中保财产股份有限公司
金额:4200.00
用途:预付下年度车辆保险费
备注:
单位主管: 阳平　　会计: 阳平
复核:　　记 账: 王敏

业务 43—1

工商银行进账单 (回　单)

2007 年 12 月 25 日　　第　号

付款人	全 称	北京晨星工厂	收款人	全 称	北京晨星工厂
	账 号	7555552278642		账 号	555522—66
	开户银行	工行北京分行科园分理处		开户银行	工商银行北京分行科园分理处
人民币(大写)		壹拾伍万元整			仟 佰 拾 万 仟 佰 拾 元 角 分 ¥ 1 5 0 0 0 0 0 0
票据种类		银行转账支票			
票据张数		1			
备注:转入证券托管专户			转讫 2007.12.25 (05) 收款人开户银行盖章		

此联是收款人开户银行交给收款人的回单

业务 43—2

中国工商银行 **转账支票存根**
支票号码:
科目:
对方科目:
签发日期:2007 年 12 月 25 日
收款人:北京晨星工厂
金额:150000.00
用途: 转入证券托管专户
备注:
单位主管: 阳平　　会 计: 阳平
复　核:　　记账: 王敏

业务 43—3

北京工信证券营业部

成交过户通知单(买入)

打印日期:2007 年 12 月 25 日	成交日期:2007 年 12 月 25 日
成交席位:23531	成交时间:09:45:25
客户姓名:北京晨星工厂	成交编号:357676
股东账号:A269350075	成交数量: 10000
资金账号:85007878	成交价格:11.2
期初数量:0	成交金额:112000.00
期初金额:150000	佣金: 336.00
股票余额:10000	印花税:392.00
资金余额:37263.00	过户费: 4.00
股票代码:600019	委托费用:5.00
股票名称:宝钢股份	收付金额:—112737.00
申报编号:2533	备注:证券买入

北京工信证券 营业部 业务专用章

业务题 51—1

北京工信证券营业部

成交过户通知单(卖出)

打印日期:2007 年 12 月 31 日	成交日期:2007 年 12 月 30 日
成交席位:28531	成交时间:14:05:25
客户姓名:北京晨星工厂	成交编号:357676
股东账号:A269350075	成交数量: 10000
资金账号:85007878	佣金: 390.00
股票余额:0	成交价格:13
期初数量:0	成交金额:130000
期初金额:37263.00	印花税:455.00
资金余额:166409.00	过户费: 4.00
股票代码: 600019	委托费用:5.00
股票名称:宝钢股份	收付金额:129146.00
申报编号:2533	备　注:证券卖出

北京工信证券 营业部 业务专用章

业务题 51—2

工商银行进账单(回单)

2007 年 12 月 30 日　　　　第　号

<table>
<tr><td rowspan="3">付款人</td><td>全 称</td><td>北京晨星工厂</td><td rowspan="3">收款人</td><td>全 称</td><td colspan="10">北京晨星工厂</td></tr>
<tr><td>账 号</td><td>75555552278642</td><td>账 号</td><td colspan="10">555522—66</td></tr>
<tr><td>开户银行</td><td>工行北京分行科园分理处</td><td>开户银行</td><td colspan="10">工商银行北京分行科园分理处</td></tr>
<tr><td colspan="2" rowspan="2">人民币(大写)</td><td colspan="3" rowspan="2">壹拾贰万玖仟壹佰肆拾陆元整</td><td>仟</td><td>佰</td><td>拾</td><td>万</td><td>仟</td><td>佰</td><td>拾</td><td>元</td><td>角</td><td>分</td></tr>
<tr><td></td><td>¥</td><td>1</td><td>2</td><td>9</td><td>1</td><td>4</td><td>6</td><td>0</td><td>0</td></tr>
<tr><td colspan="2">票据种类</td><td>银行转账支票</td><td colspan="12" rowspan="3">收款人开
户银行盖章</td></tr>
<tr><td colspan="2">票据张数</td><td>1</td></tr>
<tr><td colspan="3">备注:</td></tr>
</table>

转讫
2007.12.30
(05)

此联是收款人开户银行交给收款人的回单

出纳部分的其他业务参见本月其他岗位的记账凭证,及相关的原始凭证。

(二)工行北京分行科园分理处本月对账单如下：

工行北京分行科园分理处

对账单

开户单位:北京晨星工厂　　2007年12月1日—12月31日　　账号:555522—66

2007年		摘要	借方	贷方	借或贷	余额
月	日					
12月	01	期初余额			贷	438133.00
12月	02	现支	20000.00		贷	418133.00
12月	04	特转	482.00		贷	417651.00
12月	04	特转	4772.00		贷	412879.00
12月	04	特转	7946.00		贷	404933.00
12月	05	转支	2490.00		贷	402443.00
12月	05	转支	17608.00		贷	384835.00
12月	06	转支	1800.00		贷	383035.00
12月	10	转支	100000.00		贷	283035.00
12月	10	汇票	50000.00		贷	233035.00
12月	10	转支	4680.00		贷	228355.00
12月	11	转存		1500.00	贷	229855.00
12月	13	特转		1500000.00	贷	1729855.00
12月	15	托收		52000.00	贷	1781855.00
12月	15	信汇	56480.00		贷	1725375.00
12月	18	托收承付	19760.00		贷	1705615.00
12月	18	转支	4200.00		贷	1701415.00
12月	23	转账	53000.00		贷	1648415.00
12月	25	转支	150000.00		贷	1498415.00
12月	26	转账	280000.00		贷	1218415.00
12月	27	特转	50000.00		贷	1168415.00
12月	28	转支	50850.00		贷	1117565.00
12月	30	托收	900000.00		贷	217565.00
12月	30	转账	2000		贷	215565.00
12月	31	特转	2250.00		贷	213315.00
12月	31	转支		129146.00	贷	342461.00
12月	31	特转		1500.00	贷	343961.00
12月		合计	1778318.00	1684146.00	贷	343961.00

注意:该账户上月的未达账如下:

1. 11月28日,银行已经将一笔托收50000元收到进账,企业尚未入账。
2. 11月30日,银行已经支付一笔转账19305元,企业尚未支付。

工行北京分行科园分理处

对账单(证券托管户)

开户单位:北京晨星工厂　　2007 年 12 月 1 日—12 月 31 日　　账号:7555552278642

2007 年		摘要	借方	贷方	借或贷	余额
月	日					
12 月	01	期初余额			贷	0.00
12 月	25	转支		150000.00	贷	150000.00
	25	特支	112737.00		贷	37263.00
	31	转支		129146.00	贷	166409.00
	31	特支	129146.00		贷	37263.00

要求:将本月银行存款日记账与企业开户行工行科园分理处(555522—66)账户进行逐笔核对后,再编制银行存款余额调节表。

北京晨星厂银行存款余额调节表

户名:　　　　　　账号:　　　　　　年　月　日

企业银行存款日记账账面余额	金额	银行对账单账面余额	金额
加:银行已收,企业未收款项		加:企业已收,银行未收款项	
减:银行已付,企业未付款项		减:企业已付,银行未付款项	
调节后的余额		调节后的余额	

实训二　债权债务核算岗位实训

一、岗位知识与技能要求：

1. 了解债权、债务岗位职责；
2. 了解企业结算制度；
3. 了解债权、债务的确认与计量；
4. 提取坏账准备的知识；
5. 票据的贴现知识；
6. 掌握债权、债务核算的账务处理技能；
7. 熟悉债权、债务的明细分类核算；
8. 熟悉账龄分析表的编制。

二、岗位职责：

1. 办理往来款项的结算业务；
2. 及时清理债权、债务，坚持“前账不清、后账不借”的原则；
3. 定期向借款单位及经手人发放“催款单”，督促其及时结清借款，减少呆 账的可能；
4. 每年年底将应收及暂付款明细与各单位核对无误；
5. 定期清理应付及暂存款明细并核对无误。

三、岗位实训要求：

1. 根据资料开设有关债权、债务的明细账，并登记期初余额；
2. 根据本岗位给出的原始凭证填制记账凭证；
3. 按应收账款余额的百分比，计提坏账准备；
4. 根据记账凭证登记债权、债务明细账，并结账；
5. 就本岗位的记账凭证编制科目汇总表。

四、岗位实训资料：

见业务题4、6、7、12、17、22、23、25、33、35、45、48、63、64，另见其他与债权\债务相关的业务。

业务4—1

借款支付凭证

2007年12月2日

借款部门(个人)：李涛

借款理由 ：广西定货会，补预借款不足部分

借款金额(大写)捌佰元整

本部门负责人意见　同意　孙威　借款人(签字)　李涛

领导批示意见：　同意　韩一平

现金付讫

业务4－2

差旅费报销单

部门或个人:李涛　　　　　　　　2007年12月2日

月	日	时间	出发地	月	日	时间	到达地	机票费	市内交通	宿费	会议费	出差补助		合计
												天数	金额	
11	23	8:50	北京	11	23		广西	1600		800	500	10	300	
12	03	09:00	广西	12	3		北京	1600						
合计								3200		800	500		300	4800

任务:出差参加产品定货会	报销金额人民币(大写)肆仟捌佰元整						报销金额:4800.00
	经费授权人	王艳	负责人	江杰	出差人	李涛	预借金额:4000.00

业务6－1

中国工商银行北京分行电子缴税凭证

凭证字号:0080558

付款人名称:北京晨星工厂　　　　　　征收机关名称:北京市地方税务局海淀分局

收款国库名称:国家金库北京市海淀区支库

付款人账号:555522－66

转讫(代理)

交款书交易流水号:2007120318525　　　　大写(合计)金额:肆佰捌拾贰元整

2007.12.04

所属时期:20071101－20071130

(05)

税(费)种名 称:城市维护建设税　　　　实交金额:337.00

教育费附加　所属时期:20071101－20071130　　　　实交金额:145.00

业务6－2

中华人民共和国 京 №8509907 国

一般增值税 税收交款书 电脑序号

隶属关系：

注册类型： 填发日期 2007年12月04日 征收机关：海淀区国家税务局 昌顺 所

缴款单位	代码	110108601683558001	预算科目	编码	010103
	全称	北京晨星工厂		名称	增值税
	开户银行	工商银行北京分行科园分理处		级次	中央级
	账号	555522－66		收款国库	国家金库北京市海淀区支库（代理）
税款所属时间 2007年11月1日07年11月30日			税款限缴日期 2007年12月10日		

品目名称	课税数量	单位税额	计税金额或销售收入	税率%	已缴或扣税额	实缴税额 百	十	万	千	百	十	元	角	分
增值税									4	7	7	2	0	0
总计金额人民币（大写）佰 拾＊万肆仟柒佰柒拾贰元零角零分								¥	4	7	7	2	0	0

缴款单位 北京晨星工厂 财务专用章 经办人（签章）		转讫 2007.12.04 (05) 上列款项已收妥并划转收款单户 （国库银行盖章）年 月 日	北京市海淀区地方税务局 080 征税专用章 备注：

王艳章印

第一联 收据

（本缴款书无银行收讫章无效） 逾期不缴按税法规定加收滞纳金

业务 6－3

中华人民共和国　京　№8509907　国

企业所得税　　税收交款书　电脑序号

隶属关系：

注册类型：　　填发日期　2007 年 12 月 04 日　　征收机关：海淀区国家税务局 昌顺 所

缴款单位	代码	110108601683553	预算科目	编码	048390
	全称	京晨星工厂		名称	企业所得税
	开户银行	工商银行北京分行科园分理处		级次	中央级
	账号	555522－66		收款国库	国家金库北京市海淀区支库（代理）
税款所属时间 2007 年 11 月 1 日 07 年 11 月 30 日			税款限缴日期 2007 年 12 月 10 日		

品目名称	课税数量	单位税额	计税金额或销售收入	税率%	已缴或扣税额	实缴税额 百	十	万	千	百	十	元	角	分
企业所得税									7	9	4	6	0	0
总计金额人民币（大写）佰拾￥万 柒仟 玖佰 肆拾 陆元零角零分								￥	7	9	4	6	0	0

缴款单位 经办人（签章）		上列款项已收妥并划转收款单户 （国库银行盖章）年　月　日	备注：

第一联收据

（本缴款书无银行收讫章无效）　　逾期不缴按税法规定加收滞纳金

业务 7－1

中国工商银行

转账支票存根

支票号码：

科目：

对方科目：

签发日期：2007 年 12 月 5 日

收款人：**海淀住房公积金管理中心**
金额：2490.00
用途：支付上月公积金
备注：

单位主管：阳平　　会计：阳平

复　核：　　记账：王敏

业务 7－2

住房公积金汇缴书

№1081340

2007 年 12 月 5 日　　附变更清册　　张

<table>
<tr><td>单位全称</td><td colspan="3">北京晨星工厂</td></tr>
<tr><td>单位登记号</td><td>04430</td><td>资金来源:□财政□自筹</td><td>汇缴 07 年 11 月份</td></tr>
<tr><td>汇缴金额（大写）</td><td colspan="2">贰仟肆佰玖拾元整</td><td>百 十 万 千 百 十 元 角 分
¥ 2 4 9 0 0 0</td></tr>
<tr><td colspan="4">上月人数 人数 金额　　本月增加 人数 金额　　本月减少 人数 金额　　本月汇缴 人数 16 金额 2490.00</td></tr>
<tr><td>支票号码:
0701#</td><td>经办人签字:
李丽</td><td colspan="2">管理部盖章
（印章：海淀区住房公积金管理中心 财务专用章）
接柜: 2007 年 12 月 5 日</td></tr>
</table>

第一联管理部盖章后单位

制单:　　　　复核:

业务 7－3

工商银行转账支票存根

<table>
<tr><td>中国工商银行
转账支票存根
支票号码:
科目:
对方科目:
签发日期:2007 年 12 月 5 日</td></tr>
<tr><td>收款人:海淀社保管理中心</td></tr>
<tr><td>金额:17608.00</td></tr>
<tr><td>用途:支付上月社保基金</td></tr>
<tr><td>备注:</td></tr>
<tr><td>单位主管:阳平　　会 计:阳平
复　核:　　　　记 账:王敏</td></tr>
</table>

业务 7－4

北京市社会保险基金专用收据 №000333401

支票号:0702

缴费单位	北京晨星工厂												备注
缴费险种	征缴项目	金额											
		亿	千	百	十	万	千	百	十	元	角	分	
养老保险	2007 年 11 月						6	5	1	0	0	0	
失业保险	2007 年 11 月						5	5	0	0	0	0	
医疗保险	2007 年 11 月						4	5	0	0	0	0	
工伤保险	2007 年 11 月							6	1	0	0	0	
生育保险	2007 年 11 月								8	8	0	0	
					¥	1	7	6	0	8	0	0	
大写金额	亿仟佰¥拾壹万柒仟陆佰零拾捌元零角零分												

海淀区社会保险公司 财务专用章

第二联 收据

征缴单位(盖章)　　经办人:　　2007 年 12 月 5 日

业务 12－1

托收承付凭证(收账通知) 4

委托日期　2007 年 11 月 28 日　托收号码:3124

付款人	全称	昌华材料厂	收款人	全 称	北京晨星工厂
	账号或地址	652412322		账号	555522－66
	开户银行	建设银行×分理处		开户银行	工商银行北京分行科园分理处

托收金额	人民币(大写)伍万元整	万	千	百	十	万	千	百	十	元	角	分
					¥	5	0	0	0	0	0	0

附件		商品发运情况	合同名称号码
附记单证张数或册数	3	整车托运	0789
备注:		款项收妥日期 年 月 日	收款人开户银行盖章 月 日

转讫 2007.11.28 (05)

转讫 2007.11.28 (05)

此联收款人开户银行给收款人的收账通知

业务 17－1

贷款申请书　（第四联）

申请日期 2007 年 11 月 25 日

贷款日期 2007 年 12 月 12 日　　　　第　号

贷款单位全称	北京晨星工厂	贷款户账号	801256	存款户账号	555522－66					
贷款金额（大写）	壹佰伍拾万元整	亿	千	百	十	万	千	百	十	元	角	分
			¥	1	5	0	0	0	0	0	0	0
贷款种类	工业周转	年利息率 5.5%	约定还款日期 2008 年 3 月 12 日							
上列借款已核准发放并转入指定账户 致 （银行签章）	备注									

贷款回单

转讫
2007.12.12
(05)

业务 22－1

托收承付凭证（收账通知）　4

委托日期 2007 年 11 月 30 日　　　　托收号码:3124

付款人	全称	方圆公司	收款人	全称	北京晨星工厂
	账号或地址	654123856		账号	555522－66
	开户银行	北京银行××支行		开户银行	工商银行北京分行科园分理处

托收金额	人民币（大写）伍万贰仟元整	万	千	百	十	万	千	百	十	元	角	分
					¥	5	2	0	0	0	0	0

附件		商品发运情况	合同名称号码
附记单证张数或册数	4	整车托运	0767
备注：		款项收妥日期 年 月 日	收款人开户银行盖章 月 日

此联收款人开户银行给收款人的收账通知

转讫
2007.12.12
(05)

业务 23－1

工商银行信汇凭证(回单) 1

汇款单位编号　　　　2007 年 12 月 15 日　　　　第　号

收款单位	全称	中兴公司		汇款单位	全称	北京晨星工厂	
	账号	286613025			账号	555522－66	
	汇入地点	大连	汇入行名称：建行滨海支行		汇出地点	北京	汇出行名称：工商银行科园分理处

金额	千	百	十	万	千	百	十	元	角	分
人民币(大写)伍万陆仟肆佰捌拾元整			¥	5	6	4	8	0	0	0

汇款用途:前欠货款

上列款项已根据委托办理,如需查询,请持此回单来行面洽。

(汇出行盖章)　转讫　2007.12.15　(05)

年　月　日

单位主管　　会计　　出纳　　记账

此联是汇出行给汇款单位的回单

业务 25－1

托收承付凭证(支款通知) 5

委托日期　2007 年 12 月 15 日　　　　托收号码:5012

付款人	全称	北京晨星工厂	收款人	全称	郑阳公司
	账号或地址	555522－66		账号	562431250123
	开户银行	工商银行北京分行科园分理处		开户银行	工商银行河北省分行石家庄四环西分理处

托收金额	亿	千	百	十	万	千	百	十	元	角	分
人民币(大写)壹万玖仟柒佰陆拾元整				¥	1	9	7	6	0	0	0

转讫　2007.12.15　(05)

附件		商品发运情况	合同名称号码
附记单证张数或册数	1		
备注:到期汇票兑现		款项支付日期　年 月 日	收款人开户银行盖章 月 日

此联付款人开户银行给付款人的支款通知

业务 33 – 1

银行承兑汇票　　2　XX0000586423

签发日期　　　　贰零零柒年壹拾贰月壹拾陆日　　　　第　号

出票人	全称	美丰公司			收款人	全称	北京晨星工厂		
	账号	002154623123				账号	555522 – 66		
	开户银行	工行北京小街分理处	行号	0732		开户银行	工行北京科园分理处	行号	0806
汇票金额	人民币（大写）伍万元整					千百十万千百十元角分	¥ 5 0 0 0 0 0 0		
汇票到期日	贰零零捌年零陆月壹拾陆日				本汇票已经承兑，到期日由付款承兑行签章 承兑日期 2007 年 12 月 17 备注：			承兑协议编号 科目 对方科目 转账　年　月　日 复核　记账	
本汇票请你行承兑，到期无条件支付票款 出票人签章 2007 年 12 月 16 日									

北京晨星工厂 财务专用章　王艳章印　李劲章松　中国工商银行 汇票专用章 2007.12.17

业务 35 – 1

资产损失报废核销表

单位：元

资产名称	企业申报数			主管部门审核数	财政部门审核数
	账面值	预计残值	净损失		
流动资产	5000.00	0	5000.00	5000.00	5000.00
合计	5000.00	0	5000.00	5000.00	5000.00
申报原因：该项债权已逾期 3 年，因债务人宏达公司财务困难，无法归还。					
申报单位财务部门意见 负责人签字盖章张静 2006 年 12 月 5 日		申报单位意见 企业法人签章王艳 2006 年 12 月 8 日		主管部门财务意见（盖章） 负责人签章 孟洁京 2006 年 12 月 13 日	

北京晨星工厂 财务专用章　北京晨星工厂　北京市工业局海淀分局 财务专用章

此表一式四份，申报单位、主管部门、会计师事务所、财政部门。

业务 45－1

中国工商银行 转账支票存根
支票号码:
科目:
对方科目:
签发日期:2007 年 12 月 25 日
收款人:工行科园分理处
金额:50000.00
用途:偿还借款
备注:
单位主管:阳平 会 计:阳平
复 核: 记 账:王敏

业务 45－2

工商银行还款通知单

贷款单位	北京晨星工厂												
还款金额	人民币(大写) 伍万元整	千	百	十	万	千	百	十	元	角	分		
				¥	5	0	0	0	0	0	0		
贷款日期	2007 年 09 月 27 日	还款日期	2007 年 12 月 27 日										
上列款项请从我单位存款户支付 (还款单位盖章)	上列款项已从你单位账户支付划转至内部银行 (内部银行盖章)												

转讫 2007.12.27 (05)

第2联企业记账联

业务 48－1

借 据

2007 年 12 月 30 日

借款部门: 供应科王伟

借款用途: 广州出差采购

借款金额(大写)贰仟元整

本部门负责人意见 **同意 张振** 借款人(签字)王伟

领导批示意见: 同意借款 金保平

现金付讫

业务 63 – 1

中国工商银行汇票申请书

申请日期 2007 年 12 月 30 日　　　　第　号

申请人	北京晨星工厂	收款人	光大工厂
账号或住址	555522 – 66	账号或住址	895724312004
用途	付欠货款	代理付款行	工行北京科园分理处
汇票金额	人民币（大写）伍万陆仟贰佰元整	千百十万千百十元角分	¥ 5 6 2 0 0 0 0
备注		科目 对方科目 财务主管　复核　经办	

转讫 2007.12.30 (05)

业务 64 – 1

托收承付凭证（收账通知）　4

委托日期 2007 年 11 月 30 日　　托收号码:3124

付款人	全称	华兴公司	收款人	全称	北京晨星工厂
	账号或地址	254621345		账号	555522 – 66
	开户银行	中国银行××支行		开户银行	工商银行北京分行科园分理处
托收金额	人民币（大写）贰拾万元整		万千百十万千百十元角分	¥ 2 0 0 0 0 0 0 0	
附件		商品发运情况		合同名称号码	
附记单证张数或册数	5	整车托运		0769	
备注：		款项收妥日期 年　月　日		收款人开户银行盖章　月　日	

此联收款人开户银行给收款人的收账通知

转讫 2007.12.25 (05)

实训三　存货核算岗位实训

一、岗位知识与技能要求：

1. 熟悉存货购进、入库、领用、摊销、期末计价的核算方法。
2. 熟悉各种存货的盘存程序、盘存方法，以及对盘盈、盘亏的处理。
3. 掌握材料采购平行式账簿的设置与使用，各种存货的数量金额式明细账的设置与登记方法。
4. 掌握材料物资收发凭证汇总表的编制。
5. 掌握收发业务的会计处理。

二、岗位职责：

1. 会同有关部门拟定存货资金的核算与管理办法。
2. 审查编制存货资金的采购资金计划。
3. 负责存货资金的明细核算。
4. 配合有关部门制定存货资金消耗定额。
5. 配合有关部门制定存货资金的最低、最高限额。
6. 参与存货资金的清查盘点，做到账实相符。
7. 期末负责与相关存货保管人员核对账目，做到账账相符。

三、岗位实训要求：

1. 原材料的收发采用计划成本进行核算
2. 各种周转材料的收发采用实际成本进行核算。
3. 完工自制半成品、库存商品按实际成本，发出产品的成本用先进先出法。
4. 建立各种存货的数量金额式明细账户，登记期初余额。
5. 建立材料采购平行式明细账户，登记期初余额。
6. 根据本岗位给出的原始凭证编制记账凭证。
7. 根据原始凭证及记账凭证逐笔登记各种明细账。
8. 发出存货先编制“发料凭证汇总表”，再编制记账凭证。
9. 就本岗位的记账凭证编制科目汇总表。

四、岗位实训资料：

见业务题1、5、15、20、31、40、57。另见其他岗位与存货相关的业务。

业务 1－1

110007521　　　　北京市增值税专用发票

全国统一发票监制章　发票联　北京　国家税务总局监制

№04569321

校验码 10181866653080011102　　　　开票日期 2007 年 12 月 1 日

购货单位	名　　称：北京晨星工厂 纳税人识别号：110108601683553 地 址、电 话：北京昌顺路 58 号 开户行及账号：工商银行北京分行科园分理处 555522—66				密码区	略	
货物或应税劳务名称	规格型号	单位	数量	单价	金额	税率	税额
乙材料		千克	3000	5.50	16500.00	17%	2805.00
合计					16500.00		2805.00
价税合计（大写）	壹万玖仟叁佰零伍元零角零分				（小写）￥19305.00		
销货单位	名 称：北京南山公司 纳税人识别号：102540213685214562 地 址、电 话：北京关厢路 112 号 6282296 开户行及账号：工商银行北京分行科园分理处 0133688				备注	北京南山公司 业务章	

第三联　记账联　销货方记账凭证

收款人：里但　　复核　　开票人　　销货单位（章）

业务 1－2

中国工商银行 **现金支票存根**
支票号码： 科目： 对方科目： 签发日期：2007 年 12 月 1 日
收款人：北京晨星工厂
金额：￥19305.00
用途：货款
备注：
单位主管：阳平　　会 计：阳平 复　核：　　记 账：王敏

业务 5－1

120002521

河北省增值税专用发票

发票联

№02420351

校验码 20171622253080071825　　　开票日期 2007 年 12 月 1 日

购货单位	名　　称：北京晨星工厂 纳税人识别号：110108601683553 地 址、电 话：北京昌顺路 58 号 开户行及账号：工商银行北京分行科园分理处 555522—66			密码区	略		
货物或应税劳务名称	规格型号	单位	数量	单价	金额	税率	税额
甲材料		kg	8000	5.10	40800.00	17%	6936.00
乙材料		kg	5000	5.00	25000.00		4250.00
丙材料		kg	7000	2.00	14000.00		2380.00
合计					79800.00		13566.00
价税合计（大写）	玖万叁仟叁佰陆拾陆元整			（小写）￥93366.00			
销货单位	名　　称：河北同发公司 纳税人识别号：102540213685214562 地 址、电 话：沧州莱荫路 326 号 开户行及账号：农业银行河北分行沧州分理处 0133688			备注	河北同发公司 业务章		

第三联 记账联 销货方记账凭证

收款人　　　复核　　　开票人　　　销货单位（章）

业务 5－2

运费结算单

2007 年 12 月 1 日

托运单位	河北沧州运输公司	接收单位或地点	北京晨星工厂
运输货物	材料 20000 千克		
运费金额	人民币（大写）壹仟元整 ￥1000.00		
收现况	如数收到		验收人：刘红
	承运单位：第三汽车运输队（公章） 经手人：王平		

现金付讫

河北沧州运输公司第三汽车运输队 业务章

业务5－3

材料采购运杂费分配表

2007年12月1日

发货单位	河北同发公司		
材料名称	分配标准	分配率	分配金额
甲材料	8000		
乙材料	5000		
丙材料	7000		
合计	20000		

会计： 复核： 制单人：

业务5－4

商业承兑汇票 3

汇票号码 第 号

签发日期：贰零零柒年壹拾贰月零壹日

出票人	全称	河北同发公司		付款人	全称	北京晨星工厂	
	账号	0133688			账号	555522—66	
	开户银行	农行河北分行沧州分理处	行号 663		开户银行	工行北京科园分理处	行号 05
汇票金额	人民币（大写）捌万陆仟叁佰玖拾陆元整					千 百 十 万 千 百 十 元 角 分	¥ 8 6 3 9 6 0 0
汇票到期日	贰零零捌年零叁月零壹日					承兑协议编号	
本汇票请期日承兑，支付票款 出票人签章 2007年12月1日				备注：预付6970元		科目 对方科目 年 月 日 复核 记账	

河北同发公司 汇票专用章 2007.12.1

此联付款人存

业务5－5

北京晨星工厂材料入库验收单

2007年12月1日

品名	规格	单位	数量		实际价格				计划价	
			来料数	实际数	单价	金额	运费	合计	单价	总价
甲材料		kg	8000	8000						
乙材料		kg	5000	5000						
丙材料		kg	7000	7000						
合计			20000	20000						

供销主管:王新　　验收保管:任小千　　采 购:于林　　制单: 江影

业务15－1

收　据

2007年12月11日

收到:北京新星公司

人民币:壹仟伍佰元整　¥1500.00

系 付:包装木箱押金款

收款单位公章　　收款人（签章）

单位盖章:　　会计:阳平　　出纳:　　经手人:杨立

业务15－2

材料出库单

2007年12月11日

编号	材料名称	单位	规格	数量	单价	金额								
						十	万	千	百	十	元	角	分	
	包装木箱	个		100	10			1	0	0	0	0	0	备注:出租
合计							¥	1	0	0	0	0	0	

三 财会附件

记账:　　保管:任小千　　制票:江影

业务 15－3

工商银行进账单(回单)

2007 年 12 月 11 日　　　　第　号

付款人	全称	北京新星公司	收款人	全称	北京晨星工厂
	账号	021501235667		账号	555522—66
	开户银行	东街分理处		开户银行	工商银行北京分行科园分理处
人民币(大写)	壹仟伍佰元整				
票据种类	银行转账支票	收款人开户银行盖章			
票据张数	1				
备注:					

仟	佰	拾	万	仟	佰	拾	元	角	分
			¥	1	5	0	0	0	0

转讫 2007.12.11 (05)

此联是收款人开户银行交给收款人的回单

业务 20－1

16789

北京市增值税专用发票

全国统一发票监制章 北京 国家税务总局监制

发票联　　№04564002

校验码 10181866653080078811　　开票日期 2007 年 12 月 14 日

购货单位	名　　称: 北京晨星工厂 纳税人识别号: 110108601683553 地 址、电 话: 北京昌顺路 58 号 开户行及账号: 工商银行北京分行科园分理处 555522—66	密码区	略

货物或应税劳务名称	规格型号	单位	数量	单价	金额	税率	税额
甲材料		kg	5000	4.80	24000.00	17%	4080.00
合计					24000.00		4080.00
价税合计(大写)	贰万捌仟零捌拾元整 (小写) ¥28080.00						

销货单位	名　　称: 北京长城公司 纳税人识别号: 101086013635580 地 址、电 话: 北京玉泉路 15 号 63862770 开户行及账号: 工商银行北京分行海城分理处 110133652	备注	北京长城公司 业务章

收款人:立功　　复核　　开票人:李枚　　销货单位(章)

第三联 记账联 销货方记账凭证

业务 31－1

北京晨星工厂材料入库验收单

供货单位:北京长城公司　　　　2007 年 12 月 20 日

品名	规格	单位	数量		实际价格				计划价	
			来料数	实际数	单价	总价	运杂费	合计	单价	总价
甲材料		kg	5000	5000	4.8					
合计			5000	5000	4.8					

供销主管:王新　　验收保管:任小千　　采 购:于林　　制单:江影

业务 40－1

北京晨星工厂材料入库验收单

供货单位:北京北方公司　　　　2007 年 12 月 24 日

品名	规格	单位	数量		实际价格				计划价	
			来料数	实际数	单价	总价	运杂费	合计	单价	总价
乙材料		kg	500	500	8.00					
合计			500	500						

供销主管:王新　　验收保管:任小千　　采 购:于林　　制单:江影

业务 57－1

产品盘盈(亏)报告表

仓库　　　　2007 年 12 月 31 日　　　　差异率:

品名	规格	单位	单价	数量		金额	备注
				盘盈	盘亏		
M 型仪器		台	91.50		2	183.00	
							原因待查
合计		台			2	183.00	

主管:阳平　　会计:阳平　　仓库负责人:王新　　保管:任小千

业务57－2

材料盘盈(亏)处理表

2007年12月31日

品名	规格	单位	计划单价	数量		金额	处理意见
				盘盈	盘亏		
M型仪器		台	91.50		2	183.00	列入“管理费用”
合计		台			2	190.20	

主管:阳平　　会计:阳平　　仓库负责人:王新　　保管:任小千

实训四　职工薪酬核算岗位实训

一、岗位知识与技能要求：

1. 了解职工薪酬方面的法律、法规，职工薪酬的组成。

2. 掌握职工薪酬的计算方法，能进行计时工资、计件工资的计算。

3. 能够完成职工薪酬结算表、职工薪酬汇总表、职工薪酬费用分配表的编制。

4. 能够完成计提职工薪酬、发放职工薪酬的会计核算。

5. 能够完成计提职工福利费、工会经费、职工教育经费、各种保险费、住房公积金的计算及账务处理。

6. 了解辞退职工福利的确认与计量。

7. 能够完成工资发放中各种代扣款、代扣个人所得税的账务处理。

二、岗位职责：

1. 监督工资基金的使用。

2. 配合人事部门做好职工调资、医疗保险、失业保险等工作。

3. 配合银行做好职工的工资代储工作。

4. 编制职工薪酬发放表。

5. 审核发放职工薪酬、奖金。

6. 负责职工薪酬的计算及明细核算。

7. 负责职工薪酬分配的核算。

8. 计提职工福利费和工会经费、社会保险费、住房公积金等费用。

9. 负责辞退员工的薪酬计算与发放。

三、岗位实训要求：

1. 根据产量和考勤记录，做好职工薪酬的计算，并编制计时职工工资、计件职工工资计算表。

2. 编制职工薪酬结算汇总表。

3. 编制职工薪酬分配表。

4. 做出分配职工薪酬，计提职工福利费、教育经费、工会经费、社会保险费、住房公积金等的账务处理。

5. 做出各种代扣款的账务处理。

6. 就本岗位记账凭证编制科目汇总表。

四、岗位实训资料：

见业务题：37、38、39

业务 37－1

北京晨星厂 2007 年 12 月计时工资有关记录资料如下：

全厂 12 月份计时工资考勤汇总表

2007 年 12 月

部门或姓名	月标准工资（元）	日工资（元）	工龄（年）	考勤（天）								奖金
				事假	病假	婚假	产假	丧假	休息日加班	法定假日加班	夜班	
一车间管理人员												
谢冬	1500	50	5								5	800
王琴	1200	40	4	1							10	700
一车间生产工人												
李利	960	32	7		2				3		10	190
杨静	810	27	4	2					1		5	160
齐立	840	28	5								6	250
一车间其余工人工资考勤记录略												
二车间管理人员												
路林	1290	43	7	1					2		5	694
王芳	960	32	4								10	750
机修车间管理及生产人员												
杨磊	1080	36	4						4		6	750
机修车间其余工人考勤记录略												
供汽车间管理及生产人员												
吴平	1110	37	5								8	750
供汽车间其余工人考勤记录略												
企业管理人员												
曾李	3000	100	7						5			900
其余企业管理人员的工资考勤记录略												
企业销售人员												
谢丹	2400	80	3	2								950
其余企业销售人员的工资考勤记录略												

记录：王琴　　　　制表：张华　　　　复核：阳平

业务 37－2

二车间 12 月份生产 M 型产品产量记录

2007 年 12 月

姓名	合格品数量(件)	废品数量(件)	
		料废(件)	工废(件)
李 平	130	2	1
王 华	145		
略			
合 计	1200	9	6

记录:路林　　　　制表:张华　　　　　　　复核:阳平

要求:1. 计算填制“全厂 12 月计时工资总额计算表”;工资核算具体采用月标准工资扣除缺日数工资计算,日工资标准按 30 天计算,事假全扣,病假统一扣 40%,休息日加班按双倍计算,法定假日加班按三倍计算,夜班津贴按每晚 15 元计算;婚假、产假、丧假不扣工资。一车间生产工人工资按工时比例分配。

2. 计算填制二车间生产工资总额计算表,二车间生产工人的工资采用计件工资。合格品和料废的产品按每件 12 元计算,工废产品每件扣 12 元,且不另计工资。当月无任何废品,加发奖金 50 元。

3. 编制会计分录

业务 37 - 3

全厂 12 月计时工资总额计算表

2007 年 12 月

姓名	月标准工资	日工资	应扣工资				奖金	夜班津贴	加班工资	应付工资总额
			事假		病假					
			天数	金额	天数	金额				
一车间管理人员工资										
谢冬	1500	50								
王琴	1200	40								
小计										4385.00
一车间生产工人工资										
李利	960	32								
杨静	810	27								
齐立	840	28								
(略)										
小计										25350.00
二车间管理人员										
路林	1290	43								
王芳	960	32								
小计										4048.00
机修车间管理及生产人员										
杨磊	1080	36								
工人(略)										
合计										3758.00
供汽车间管理及生产人员										
吴平	1110	37								
工人(略)										
合计										3830.00
企业管理人员										
曾李	3000	100								
(略)										
小计										12170.00
企业销售人员										
谢丹	2400	80								
(略)										
小计										8500.00
总计										62041.00

会计:阳平　　　　制表:张华　　　　复核:阳平

业务 37 – 4

二车间生产工人工资总额计算表

2007 年 12 月

姓　名	计件工资			奖　金	扣工废品工资	应付工资总额
	合格品	料废品	合计			
李　平						
王　华						
（略）						
合　计	14400	108	14508	500	72	14936

会计：阳平　　　　制表：张华　　　　复核：阳平

业务 38 – 1

要求：

1. 填制“五险、一金”计算表。

2. 计算代扣个人所得税（注：除表中列出人员之外，其他人员本月不需交纳个人所得税）。

3. 根据本月的工资总额计提工会经费、职工教育经费。

4. 编制以上会计分录，应该由个人支付的代扣款项，计提时先计入管理费用，代扣时冲减管理费用。

5. 所有计算数据要求按四舍五入保留整数。

“五险、一金”计算表

2007 年 12 月

姓名	应付工资总额	单位支付部分							个人支付部分					总计
		医疗保险10%	养老保险20%	失业保险1.5%	生育保险0.8%	工伤保险1%	住房公积金8%	小计	医疗保险2%	养老保险8%	失业保险0.5%	住房公积金8%	小计	
车间管理人员														
谢冬														
王琴														
小计	4385													
一车间生产工人														
李利														
杨静														
齐立														
（略）														
小计	25350													
二车间管理人员														
路林														
王芳														
小计	4048													
二车间生产工人														
李 平														
王 华														
（略）														
合 计	14936													
机修车间管理及生产人员														
杨磊														
工人（略）														
合计	3758													
供汽车间管理及生产人员														
吴平														
工人（略）														
合计	3830													
企业管理人员														
曾李														
（略）														
小计	12170													
企业销售人员														
谢丹														
（略）														
小计	8500													
总计	76977													

会计：阳平　　　制表：张华　　　复核：阳平

业务 38 –2

个人所得税计算说明：应税工资应该从应付工资总额中扣除由当月个人支付的“三险、一金”后，超过 1600 元以上部分作为应税工资。

个人所得税（工资、薪酬适用所得）

级数	含税级距	税率（%）	速算扣除数
1	不超过 500 元的	5	0
2	超过 500 元至 2000 的部分	10	25
3	超过 2000 元至 5000 的部分	15	125
4	超过 5000 元至 20000 的部分	20	375
5	超过 20000 元至 40000 的部分	25	1375
6	超过 40000 元至 60000 的部分	30	3375
7	超过 60000 元至 80000 的部分	35	6375
8	超过 80000 元至 100000 的部分	40	10375
9	超过 100000 元的部分	45	15375

个人所得税计算表

2007 年 12 月

姓名	应付工资总额	减扣除“三险一金”金额	扣起征点工资（1600）	应税工资	适用税率	速算扣除	应纳税款
谢 冬							
王琴							
路林							
杨磊							
曾李							
谢丹							
合计							

会计：阳平　　　　制表：张华　　　　复核：阳平

业务38－3

职工福利费、工会经费、职工教育经费计算表

2007年12月

部门车间		应付工资总额	应提工会经费2%	应提职工教育经费1.5%	应提职工福利费3%	合计
一车间管理人员		4385				
一车间生产工人	YA配件	14625				
	JZ配件	10725				
二车间管理人员		4048				
二车间生产工人		14936				
机修车间管理及生产人员		3758				
供汽车间管理及生产人员		3830				
企业管理人员		12170				
企业销售人员		8500				
合计		76977				

会计:阳平　　　　制表:张华　　　　复核:阳平

业务 39－1

编制本月全厂工资薪酬结算汇总表。

全厂 12 月工资薪酬结算汇总表

2007 年 12 月

姓名	应付工资总额						代扣款项				实发工资	签字
	基本工资	奖金	夜班津贴	加班工资	扣缺勤	总计	社保费用	公积金	个人所得税	小计		
车间管理人员												
谢冬												
王琴												
小计						4385						
一车间生产工人												
李利												
杨静												
齐立												
（略）												
小计						25350						
二车间管理人员												
路林												
王芳												
小计						4048						
二车间生产工人												
李 平												
王 华												
（略）												
合 计						14936						
机修车间管理及生产人员												
杨磊												
工人（略）												
合计						3758						
供汽车间管理及生产人员												
吴平												
工人（略）												
合计						3830						
企业管理人员												
曾李												
（略）												
小计						12170						
企业销售人员												
谢丹												
（略）												
小计						8500						
总计						76977						

会计：阳平　　　　制表：张华　　　　复核：阳平

业务 39 – 2

工商银行进账单(代付款通知)

2007 年 12 月 23 日　　　　　　　　第　号

<table>
<tr><td rowspan="3">收款人</td><td>全 称</td><td>工行科园分理处</td><td rowspan="3">付款人</td><td>全 称</td><td colspan="10">北京晨星工厂</td></tr>
<tr><td>账 号</td><td>8965438—01</td><td>账 号</td><td colspan="10">555522—66</td></tr>
<tr><td>开户银行</td><td>工行科园分理处</td><td>开户银行</td><td colspan="10">工商银行北京分行科园分理处</td></tr>
<tr><td colspan="2" rowspan="2">人民币(大写)</td><td colspan="3" rowspan="2">伍万叁仟元整</td><td>仟</td><td>佰</td><td>拾</td><td>万</td><td>仟</td><td>佰</td><td>拾</td><td>元</td><td>角</td><td>分</td></tr>
<tr><td></td><td></td><td>¥</td><td>5</td><td>3</td><td>0</td><td>0</td><td>0</td><td>0</td><td>0</td></tr>
<tr><td colspan="2">票据种类</td><td>银行转账支票</td><td colspan="12" rowspan="3">转讫
2007.12.23
(05)
收款人开户银行盖章</td></tr>
<tr><td colspan="2">票据张数</td><td>1</td></tr>
<tr><td colspan="3">备注:代发工资</td></tr>
</table>

此联是付款人开户银行交给付款人的回单

单位主管:阳平　　　　会计:阳平　　　　记账:王敏

(注:上月工资结算汇总表略)

实训五　非流动资产核算岗位实训

一、岗位知识与技能要求：

1. 了解长期股权投资、固定资产、无形资产、投资性房地产等相关知识。
2. 掌握长期股权投资的成本法、权益法的核算。
3. 掌握固定资产的确认、计价、折旧、处置的问题。
4. 掌握无形资产的确认、摊销、处置的问题。
5. 掌握投资性房地产的确认、计量、转换、处置的问题。
6. 掌握相关资产的明细核算。

二、岗位职责：

1. 会同有关部门拟定固定资产的核算与管理办法。
2. 参与编制固定资产更新改造和大修理计划。
3. 负责固定资产的明细核算和有关报表的编制。
4. 计算提取固定资产折旧和大修理资金。
5. 参与固定资产的清查盘点。
6. 办理国有固定资产产权登记。
7. 大型固定资产报废的报批手续。
8. 负责无形资产的申请、确认、摊销、处置工作。
9. 负责投资性房地产的确认、计量、转换、处置工作。
10. 负责其他长期资产的有关核算工作。

三、岗位实训要求：

1. 根据资料编制折旧计算表，采用年限平均法。
2. 根据资料编制无形资产摊销表，采用直线法。
3. 根据发生业务，填制有关原始凭证。
4. 根据本岗位给出的原始凭证编制记账凭证。
5. 建立固定资产、无形资产、投资性房地产、长期股权投资的相关明细账户并登记。
6. 就本岗位记账凭证编制科目汇总表。

四、岗位实训资料：

见业务题：9、10、11、32、44、46、49、52、53

业务9－1

固定资产报废单

2007年12月9日

设备名称	编号	单位	数量	预计使用年限	已经使用年限	原值	已提折旧	使用部门	净额
钻床	ZCH—03	台	1	8	5	30000	14000	一车间	16000
主管部门	设备管理员意见	同意报废　设备管理员:王平　12月10日							
	负责人意见	同意报废,残料做低值易耗品　设备主管:王平　12月10日							

业务9－2

收　据

2007年12月10日

收款部门:罗林

收款理由 :固定资产清理费

收款金额(大写)贰佰元整

本部门负责人意见:同意　孙威　经手人:(签字)李里

领导批示意见:同意　韩一平

现金付讫

业务9－3

材料验收单

2007年12月10日

种类	编号	名称	规格	数量	单位	单价	金额	备注
报废残料	Z04	F类材料		2000	千克	2.7	5400.00	报废残料,做低值易耗品
合　计							5400.00	

会计主管:阳平　　　记账:张华　　　保管:任小千

业务 10－1

920002521　　　　**河北省增值税专用发票**

发票联

№02420351

校验码 20171622253080071825　　　　开票日期 2007 年 12 月 14 日

购货单位	名　　称：北京京西集团 纳税人识别号：11010860168389 地 址、电 话：北京昌顺路 78 号 开户行及账号：工商银行北京分行梨园分理处 855522—86				密码区	略	
货物或应税劳务名称	规格型号	单位	数量	单价	金额	税率	税额
KJ 型机床	KJ	台	2	50000.00	100000.00	17%	17000.00
合计							
价税合计（大写）	壹拾壹万柒仟元零元零角零分（小写）￥117000.00						
销货单位	名　　称：北京机床厂 纳税人识别号：102540213685214562 地 址、电 话：北京顺义双河大街 16 号 开户行及账号：农业银行北京分行长安分理处 0133688				备注	北京机床厂 业务章	

第三联　记账联　销货方记账凭证

收款人：冬青　　　复核　　　开票人：李但　　　销货单位（章）

业务 10－2

固定资产交接单

2007 年 12 月 9 日

固定资产使用管理部门	设备价税合计	安装费	合计	资产来源
一车间	117000.00	500.00	117500.00	接受京西集团公司捐赠
合　计	117000.00	500.00	117500.00	

验收人：李巨　　　复核：　　　经办人：阳光

业务 10－3

现金付款凭证

2007 年 12 月 9 日

收款部门：黄欣

付款理由：一车间接受捐赠机床安装费

付款金额（大写）伍佰元整

本部门负责人意见　　同意　孙威　经手人：（签字）李里

领导批示意见：　　同意　韩一平

现金付讫

业务 11－1

北京工业销售统一发票　　　　北地(85423)

购买单位:北京晨星厂　　　　发票联　　　　№786352

名称	数量	单位	单价	金额							
				十	万	千	百	十	元	角	分
YY—2 专利权	1	件	100000.00	1	0	0	0	0	0	0	0
合计人民币大写:壹拾万元整				1	0	0	0	0	0	0	0

第二联　顾客报账

开票人:张山　　　　收款人:李致　　　　销售单位(盖章)

业务 11－2

北京市行政事业单位非税收入一般缴款书 4

单位名称:北京晨星厂　　　　2007 年 12 月 10 日

项目	单位	数量	收费标准	金额						
				万	千	百	十	元	角	分
专利转让登记费				¥	1	5	0	0	0	0
合计人民币大写:壹仟伍佰元整				¥	1	5	0	0	0	0

开票人:李清枚　　　　收款人:谢娜　　　　收款单位(盖章)

业务 11－3

中国工商银行

转账支票存根

支票号码:

科　目:

对方科目:

签发日期:2007 年 12 月 10 日

收款人:北京市仪表厂

金　额:¥100000.00

用　途:购买 YY—2 仪器专利权

备　注:

单位主管:阳平　　会　计:阳平

复　　核:　　　　记　账:王敏

业务 32－1

现金 付款凭证

2007 年 12 月 20 日

收款部门：陈军

收款理由 ：一车间冲床安装费

收款金额（大写）陆佰元整

本部门负责人意见　同意　　孙威 经手人：（签字）李里

领导批示意见：　同意　　韩一平

现金付讫

业务 32－2

固定资产入库单

07 年 12 月 20 日

固定资产使用管理部门	设备名称	设备价税合计	安装费	合　计	资产来源
一车间	冲床设备	37120.00	600.00	37720.00	上月购进
合　计		37120.00	600.00	37720.00	

验收人：李巨　　复核：　　经办人：阳光

业务 44－1

收　据

2007 年 12 月 26 日

收款单位：北京合金厂

收款理由 ：收北京晨星厂出资款

收款金额（大写）贰拾捌万元整

本部门负责人意见　经手人：（签字）李里

领导批示意见：　同意　　王艳　财务章

业务 44－2

出资证明

合金厂字第 02 号

北京合金厂已经于 2007 年 12 月 26 日在北京市工商行政管理局注册登记，公司注册资金为人民币 140 万元。股东北京晨星厂已经交纳自己认购的出资额人民币 28 万元（大写：贰拾捌万元整），占注册资本的 20%

此据　　财务章

北京合金厂（公章）

2007 年 12 月 26 日

业务44—3

中国工商银行
转账支票存根

支票号码:
科 目:
对方科目:
签发日期:2007年12月26日

收款人:	北京市工商行政管理局
金 额:	￥2000.00
用 途:	支付股权转让工商登记费
备 注:	

单位主管:阳平 会 计:阳平
复 核: 记 账:王敏

业务44—4

北京市行政事业单位非税收入一般缴款书

单位名称:北京晨星厂 2007年12月26日

项 目	单 位	数 量	收费标准	金额						
				万	千	百	十	元	角	分
工商注册登记费				￥	2	0	0	0	0	0
合计人民币大写:贰仟元整				￥	2	0	0	0	0	0

开票人:李雪玫 收款人:郭风 收款单位(盖章)

北京市工商行政管理局 财务章

业务44—5

中国工商银行
转账支票存根

支票号码:
科 目:
对方科目:
签发日期:2007年12月26日

收款人:	北京市合金厂
金 额:	￥280000.00
用 途:	购买合金厂股权
备 注:	

单位主管:阳平 会 计:阳平
复 核: 记 账:王敏

业务 46－1

金地集团公司债券	
证券代码：006352	债券简称：公司债券
债券类型：附息债券	计息方式：固定利率
票面利率：6%	发行面值：50000 元
付息频率：到期	债券期限：两年
发行开始日：2007 年 6 月 28 日	到期日：2009 年 6 月 28 日
发行对象：定向	发行费率：0.5%

（印章：北京金地集团　财务专用章）

业务 46－2

证券买入委托单

客户名称	北京晨星厂	证券卡号	00787878
被授权人姓名	王敏	市	
证券代码	006352	证券名称	公司债券

基金认购客户填写：	基金申购客户填写：	债券买入客户填写：
认购份额（份）：	申购金额：	买入价格：50600 元
认购金额（元）：		面值：50000 元手续费：250 元
银行盖章 2007 年 12 月 28 日		

（印章：转讫　2007.12.28　(05)）

复核：张俊　　经办：李平　　客户签字：王敏

业务 46—3

金地集团公司债券收款凭证

中国工商银行　　京 JD6783214

购买日期	起息日期	印密	期限	年利率	到期日	柜员号
2007.12.28	2007.6.28	王敏	两年	6%	2009.6.28	6

账号：555522—66　　客户名称：北京晨星厂

金额（人民币大写）：伍万零捌佰伍拾元整　　小写：¥50850.00

银行盖章

2007.12.28

（印章：转讫　2007.12.28　(05)）

兑取日期	计息期间	年利率	利息	柜员号
2009.6.28	2 年	6%	3000	6

复核：林洁　　出纳：李于　　记账：谢冬

业务 46－4

中国工商银行**转账支票存根**
支票号码：
科　　目：
对方科目：
签发日期：2007 年 12 月 28 日
收款人：北京市工行科园分理处
金　额：¥50850.00
用　途：购买金地集团公司债券
备　注：
单位主管：阳平　会 计：阳平
复核：　　记 账：王敏

业务 49—1

200006162

成都市增值税专用发票

发票联

全国统一发票监制章 北京 国家税务总局监制

№078581875

校验码 20171622253080071825　　开票日期 2007 年 12 月 14 日

购货单位	名　　称：晨星工厂 纳税人识别号：110108601683553 地 址、电 话：66899770 开户行及账号：555522—66			密码区	略		
货物或应税劳务名称	规格型号	单位	数量	单价	金额	税率	税额
L 型设备	L	台	2	380000.00	760000.00	17%	129200.00
合计					760000.00		129200.00
价税合计（大写）	捌拾捌万玖仟贰佰元整				（小写）¥889200.00		
销货单位	名　　称：成都万兴机械厂 纳税人识别号：205678201463123 地 址、电 话：65324890 开户行及账号：325648201856			备注	成都万兴机械厂 财务章		

收款人：呈红　　复核　　开票人：林平　　销货单位（章）

第三联 记账联 销货方记账凭证

业务 49—2

四川省货物运输业发票

发票联　　　　　№654398

全国统一发票监制章 北京 国家税务总局监制

委托单位:北京晨星厂　　到站:北京　　　　托运时间:2007 年 12 月 26 日

货物名称	件数	重量	包装	代垫费用	托运费用	保险费用	合计
L 型设备	2	2000kg	木箱		10000.00	800.00	10800.00
合计(大写)壹万零扒佰元整					¥10000.00	¥800.00	¥10800.00

成都万兴机械厂 财务章

收款人:　　　复核:　　　托运单位(成都万兴机械厂):章

业务 49—3

委托银行收款(付款通知)　4

委托日期　　　　2007 年 12 月 30 日　　　　号码:

付款人	全称	北京晨星厂	收款人	全称	成都万兴机械厂
	账号或地址	555522—66		账号	325648201856
	开户银行	工行北京科园分理处		开户银行	工商银行成都分行长江路分理处

托收金额		万	千	百	十	万	千	百	十	元	角	分
	人民币(大写)玖拾万元整			¥	9	0	0	0	0	0	0	0

附件		商品发运情况	合同名称号码
附记单证张数或册数	3	整车托运	0155
备注:		款项收妥日期 年 月 日	收款人开户银行盖章 月 日

转讫 2007.12.30 (05)

此联付款人开户银行给付款人的付款通知

业务 49－4

固定资产入库单

2007 年 12 月 30 日

固定资产使用管理部门	设备名称	设备价税合计	运输费	合　计	资产来源
二车间	L 设备	889200.00	10800.00	900000.00	本月成都购进
合　计		889200.00	10800.00	900000.00	

验收人:李巨　　　复核:　　　　经办人:余辉

业务 52

无形资产摊销计算表

使用部门:一车间　　2007 年 12 月 31 日

资产名称	月初账面余额	本月增加额	合计	摊销期	月摊销额
YY—1 专利	34600		34600	5 年	
YY—2 专利		101500	101500	10 年	
合计			136100		

会计:阳平　　复核:　　制表:张华

业务 53

固定资产折旧计算表

2007 年 12 月 31 日

	月初原值	年折旧率	月折旧额
一车间用	552180	2.5%	
二车间用	271960	2.5%	
管理用	60000	2%	

会计:阳平　　复核:　　制表:张华

实训六　成本核算岗位实训

一、岗位知识与技能要求：

1. 掌握成本的开支范围。
2. 掌握成本的计算方法，主要包括品种法、分批法、分步法。
3. 掌握成本核算设置的主要账户及其使用。
4. 掌握各种要素费用的归集与分配。
5. 掌握产品的成本在完工产品与在产品之间的分配方法，主要是约当产量法。
6. 熟悉产品成本计算表的编制。
7. 熟悉已经销售产品成本的计算。
8. 熟悉产品成本多栏式明细账的设置与使用。
9. 熟练掌握整个产品成本的计算过程。

二、岗位职责：

1. 拟定成本核算办法。
2. 制定成本计划。
3. 负责成本管理基础工作。
4. 核算产品成本。
5. 编制成本报表并进行分析。
6. 做好相关成本资料的整理、归档、数据库建立、查询、更新工作。

三、岗位实训要求：

1. 根据资料建立基本生产成本多栏式明细账。
2. 编制相关的成本分配表。
3. 根据本岗位给出的原始凭证编制记账凭证。
4. 成本计算方法采用综合逐步结转分步法。
5. 对辅助生产成本采用一次直接分配法。
6. 对制造费用一车间按生产工时比例进行分配，二车间直接转入 M 产品成本。
7. 对产品的成本在完工产品与在产品之间进行分配采用约当产量法。
8. 登记多栏式基本生产成本明细账。
9. 编制产品成本计算表。
10. 就本岗位记账凭证编制科目汇总表。

四、岗位实训资料：相关原始单证

见业务题：2、21、24、26、27、28、29、34、50、54、56、58、59、60，另见其他岗位与成本有关的资料。

业务 2－1

商品流通企业商品销售统一发票

发票联

购货单位:北京晨星工厂　　　　2007 年 12 月 1 日　　　　京税(06)

商品名称	规格	等级	单位	数量	单价	金额							
						十	万	千	百	十	元	角	分
记录本	80 页	一	个	40	5.00				2	0	0	0	0
计算器	CS—120A	一	个	8	60.00				4	8	0	0	0
人民币(大写)	拾 万 ¥ 仟陆佰捌拾零元零角零分							¥	6	8	0	0	0

结算方式	转支	开户银行	工商银行北京分行科园分理处	备注	
		账号	555522－66		

现金付讫

发票联

业务 2－2

办公用品发放表

2007 年 12 月 1 日

领用部门:厂部

品种	规格	等级	单位	数量	单价	金额							
						十	万	千	百	十	元	角	分
记录本	80 页	一	个	8	5.00					4	0	0	0
计算器	CS—120A	一	个	4	60.00				2	4	0	0	0
人民币(大写)	拾 万 ¥ 仟贰佰捌拾零元零角零分							¥	2	8	0	0	0

会计:阳平　　　　出纳:　　　　经手人:袁圆

业务2－3

办公用品发放表

2007年12月1日

领用部门:一车间

品种	规格	等级	单位	数量	单价	金额							
						十	万	千	百	十	元	角	分
记录本	80页	一	个	16	5.00					8	0	0	0
计算器	CS—120A	一	个	2	60.00				1	2	0	0	0
人民币(大写)	拾　万　¥仟贰佰零拾零元零角零分							¥	2	0	0	0	0

会计:阳平　　出纳:　　经手人:王琴

业务2－4

办公用品发放表

2007年12月1日

领用部门:二车间

品种	规格	等级	单位	数量	单价	金额							
						十	万	千	百	十	元	角	分
记录本	80页	一	个	16	5.00					8	0	0	0
计算器	CS—120A	一	个	2	60.00				1	2	0	0	0
人民币(大写)	拾　万　¥仟贰佰零拾零元零角零分							¥	2	0	0	0	0

会计:阳平　　出纳:　　经手人:王芳

业务21－1

北京市行政事业性统一银钱收据　№03582696

京财A—011—08　　支票号:

收到: 北京晨星公司

人民币: 大写壹仟伍佰元整　¥1500.00

现 金 付 讫

系付:M型产品鉴定费(二车间承担)

收款单位(盖章)　收款人

(签章)

2007年12月15日

财务章收款单位(盖章有效)　　收款人:　　开票人:袁明

业务 24－1

一车间生产用电分配表

产品名称	生产工时	分配率	分配金额
YA 配件	15000		
JZ 配件	11000		
合　计			18000.00

会计：　　复核：　　制单：

业务 24－2

外购动力费分配表

2007 年 12 月

产品、部门、项目	单位	生产用电			照明用电			合计
		用电数量	单价	金额	用电数量	单价	金额	
生产一车间	度	30000	0.60	18000.00	800	0.60	480.00	18480.00
生产二车间	度	11000	0.60	6600.00	350	0.60	210.00	6810.00
供汽车间	度	6500	0.60	3900.00				3900.00
机修车间	度	12000	0.60	7200.00				7200.00
管理部门	度				1850	0.60	1110.00	1110.00
合计		59500	0.60	35700.00	3000	0.60	1800.00	37500.00

会计：　　复核：　　制单：

注：生产一车间用电按生产工时分配。（YA 配件生产工时 15000 小时；JZ 配件生产工时 11000 小时）

业务 27－1

110006789

北京市增值税专用发票

发票联 　　　　　　№04569321

校验码 10181866653080069321 　　　　开票日期 2007 年 12 月 18 日

购货单位	名　　称：北京晨星工厂 纳税人识别号：110108601683553 地 址、电 话：北京昌顺路 58 号 开户行及账号：工商银行北京分行科园分理处 555522－66			密码区	略		
货物或应税劳务名称	规格型号	单位	数量	单价	金额	税率	税额
修理费		小时	40	40.00	1600.00	17%	272.00
合计					1600.00		272.00
价税合计（大写）	壹仟捌佰柒拾贰元零角零分				（小写）	¥1872.00	
销货单位	名　　称：宏源汽车修理厂 纳税人识别号：101086013635580 地 址、电 话：北京南四环 28 号 68822770 开户行及账号：010001198			备注			

现金付讫

宏源汽车修理厂 财务章

收款人：张山 　　复核： 　　开票人：莫林 　　销货单位（章）

第三联 记账联 销货方记账凭证

业务 28－1

自制半成品出库单

领料单位：二车间 　　　　2007 年 12 月 18 日

编号	名称	单位	规格	数量	单价	金额 十	万	千	百	十	元	角	分	用途
	YA 配件	件		500										组装 M 产品
	JZ 配件	件		600										组装 M 产品
	合计													

记账： 　　保管：任小千 　　制票：江影

三联 财会附件

注：（单价按先进先出法计算）

业务 29－1

低值易耗品出库单

2007 年 12 月 19 日

领料单位:二车间

编号	材料名称	单位	规格	数量	单价	金额								用途
						十	万	千	百	十	元	角	分	
	手套	双		150	3.00				4	5	0	0	0	组装 M 设备
	F 材料	千克		300	4.50			1	3	5	0	0	0	
合 计							¥	1	8	0	0	0	0	

三 财会附件

记账:　　保管:任小千　　制票:江影

业务 34－1

低值易耗品出库单

2007 年 12 月 21 日

领料单位:机修车间

编号	材料名称	单位	规格	数量	单价	金额								用途
						十	万	千	百	十	元	角	分	
	机油	千克		50	5.50				2	7	5	0	0	修理机器
	F 材料	千克		500	4.50			2	2	5	0	0	0	
合 计							¥	2	5	2	5	0	0	

三 财会附件

记账:　　保管:任小千　　制票:江影

业务 50－1

材料成本差异计算表

2007 年 12 月

项目	原材料计划成本			材料成本差异			材料成本差异率%
	期初	本期收入	合计	期初	本期收入	合计	
甲材料							
乙材料							
丙材料							
合计							

会计:　　复核:　　制表:

业务 50－2

本月发出材料汇总表

2007 年 12 月

总账科目	明细科目	甲材料		乙材料		丙材料		计划成本金额合计	负担材料成本差异	实际成本合计
		数量	金额	数量	金额	数量	金额			
生产成本（一车间）	YA 配件	7600		4200		2200				
	JZ 配件	5600		1650		960				
制造费用（一车间）	机物料消耗	/				1800				
制造费用（二车间）	M 型仪器	500								
生产成本（辅助生产成本）	机修车间	1010				200				
	供汽车间	300		/		/				
管理费用	修理费	/		/		220				
其它业务成本	材料销售	6000								
合 计		21010		5850		5380				

会计： 复核： 制表：

业务 54－1

低值易耗品出库单

2007 年 12 月 31 日

领料单位：一车间

编号	材料名称	单位	规格	数量	单价	金额								附注
						十	万	千	百	十	元	角	分	
	低值易耗品－手套	双		200	3.00				6	0	0	0	0	
	－肥皂	个		300	2.00				6	0	0	0	0	
	节能灯	套		20	40.00				8	0	0	0	0	
合 计							¥	2	0	0	0	0	0	

三 财会附件

记账： 保管：任小千 制票：江影

业务 54－2

包装物出库单

2007 年 12 月 31 日

领料单位：一车间

编号	材料名称	单位	规格	数量	单价	金额 十	万	千	百	十	元	角	分	附注
	木箱	个		90	20.00			1	8	0	0	0	0	
合计							¥	1	8	0	0	0	0	

三财会附件

记账：　　保管：任小千　　制票：江影

业务 56－1

辅助生产车间提供劳务量汇总表

2007 年 12 月 31 日

受益对象		供汽（方）	机修（小时）
辅助生产部门	机修车间	200	
	供汽车间		100
一车间		5000	800
二车间		4000	2000
管理部门		3000	500
合计		12200	3400

会计：　　复核：　　制表：

业务 56－2

辅助生产费用分配表（直接分配法）

2007 年 12 月

辅助车间名称			供汽车间	机修车间	合计
待分配费用					
供应辅助生产部门以外单位的劳务量					
费用分配率（单位成本）					
应借账户	制造费用 一车间	耗用劳务量			
		应分配金额			
	制造费用 二车间	耗用劳务量			
		应分配金额			
	管理费用	耗用劳务量			
		应分配金额			
分配金额合计					

会计：　　复核：　　制表：

业务 58－1

基本生产一车间制造费用分配表

2007 年 12 月 31 日

产　品	生产工时	分配率	应分配金额
YA 配件	15000		
JZ 配件	11000		
合　计	26000		

会计：　　　复核：　　　制表：

业务 58－2

基本生产二车间制造费用分配表

2007 年 12 月 31 日

产　品	生产工时	应分配金额
M 型产品		
合　计		

会计：　　　复核：　　　制表：

业务 59－1

自制半成品成本计算表(约当产量法)

完工产品：　件

产品名称:YA 配件　　2007 年 12 月　　在产品：　件 完工程度　　%

摘　要	成　本　项　目			合　计
	直接材料	直接人工	制造费用	
月初在产品成本				
本月发生成本				
生产费用合计				
本月完工产品成本				
月末在产品成本				
本月完工产品单位成本				

会计：　　　复核：　　　制表：

(原材料在生产开始一次投入)

业务59－2

自制半成品入库验收单

2007年12月30日

产品名称	规格	单位	数量	单价	金额
YA配件					

会计： 复核： 保管： 制表：

业务59－3

自制半成品成本计算表（约当产量法）

完工产品： 件

产品名称:JZ配件 2007年12月 在产品： 件 完工程度： %

摘 要	成 本 项 目			合 计
	直接材料	直接人工	制造费用	
月初在产品成本				
本月发生成本				
生产费用合计				
本月完工产品成本				
月末在产品成本				
本月完工产品单位成本				

会计： 复核： 制表：

注:根据“生产成本”明细账,编制生产成本计算表,计算完工产品和在产品成本,然后将完工产成品成本进行结转。(保留两位小数)

业务59－4

自制半成品入库验收单

2007年12月30日

产品名称	规格	单位	数量	单价	金额
JZ配件					

会计： 复核： 保管： 制表：

业务 60－1

完工产品成本计算表 （约当产量法）

完工产品:1200 件

产品名称:M 型仪器　　　　2007 年 12 月　　在产品：　　件　完工程度　%

摘　要	成　本　项　目			合　计
	直接材料	直接人工	制造费用	
月初在产品成本				
本月发生成本				
生产费用合计				
本月完工产品成本				
月末在产品成本				
本月完工产品单位成本				

会计：　　　　复核：　　　　制表：

业务 60－2

产品入库验收单

2007 年 12 月 30

产品名称	规格	单位	数量	单价	金额
仪器	M 型				

会计：　　　　复核：　　　　保管：　　　　制表：

实训七　收入、费用核算岗位实训

一、岗位知识与技能要求：

1. 掌握在各种销售方式下，主营业务收入、其他业务收入的确认与计量。
2. 掌握营业外收入、投资收益的确认与计量。
3. 掌握主营业务成本、其他业务成本、营业外支出的确认与计量。
4. 熟悉销售费用、管理费用、财务费用的归集处理。
5. 熟悉月末相关费用摊销与计提的处理。
6. 熟悉利润的计算与损益类账户的结转。
7. 了解所得税费用的计算。

二、岗位职责：

1. 办理销售款项结算业务。
2. 负责收入和利润的明细核算。
3. 负责销售成本、费用的明细核算。

三、岗位实训要求：

1. 设置收入、费用多栏式明细账户。
2. 填制有关销售发票。
3. 自制有关费用摊销、计提的原始凭证。
4. 计算主营业务成本、其他业务成本。
5. 根据本岗位给出的原始凭证编制记账凭证。
6. 根据记账凭证登记相关明细账。
7. 就本岗位记账凭证编制科目汇总表。

四、岗位实训资料：

见业务题：8、14、16、18、19、30、36、41、42、47、55、61、62、65、66，另见其他岗位与收入费用相关的资料。

业务 8－1

110006162

北京市增值税专用发票

发票联

№06581831

校验码 10181866653080012563

开票日期 2007 年 12 月 06 日

购货单位	名　　称：华兴公司 纳税人识别号：130123456789111 地 址、电 话：42114622 开户行及账号：286613025				密码区	略	
货物或应税劳务名称	规格型号	单位	数量	单价	金额	税率	税额
仪器	M	件	1500	225.00	337500.00	17%	57375.00
合计					337500.00		57375.00
价税合计（大写）	叁拾玖万肆仟捌佰柒拾伍元整				（小写）394875.00		
销货单位	名　　称：北京晨星工厂 纳税人识别号：110108601683553 地 址、电 话：68899770 开户行及账号：555522－66				备注		

收款人：姜华　　复核　　开票人：林星　　销货单位（章）

第三联记账联销货方记账凭证

业务 8－2

商品出库单

№071235

货物类别：产品－仪器　　2007 年 12 月 6 日　　第 1222 号

提货单位或购货方	华兴公司	发票号码或生产号	1831	发出仓库	1#	出库日期	2007.12.06
编号	名称及规格	单位	数量	单价	金额		备注
	M 仪器	件	1500				
	合计						

财会部门：阳平　　保管部门：仁小千　　复核：

第二联会计记账

业务 8－3

托收承付凭证（回单）　1

委托日期　　2007 年 12 月 06 日　　托收号码：

付款人	全称	华兴公司		收款人	全称	北京晨星工厂							
	账号或地址	254621345			账号	555522－66							
	开户银行	中国银行 XX 支行			开户银行	工商银行北京分行科园分理处							
托收金额	人民币（大写）叁拾玖万陆仟陆佰柒拾伍元整			万	千	百	十	万	千	百	十	元	角	分
						¥	3	9	6	6	7	5	0	0
附件		商品发运情况		合同名称号码									
附记单证张数或册数	3	整车托运		0150									
备注：		款项收妥日期　年 月 日		收款人开户银行盖章　月　日									

此联为收款人开户银行给收款人的托收通知

（印章：中国工商银行北京分行　受理　2007.12.06）

业务 8－4

中国工商银行
转账支票存根

支票号码：
科　　目：
对方科目：
签发日期：2007 年 12 月 5 日

收款人：海三汽车运输队
金 额：¥1800.00
用 途：代垫运费
备 注：

单位主管：阳平　会 计：阳平
复　　核：　　　记 账：王敏

业务 8－5

运费结算单

2007 年 12 月 05 日

托运单位	北京晨星工厂	接收单位或地点	华兴公司
运输货物	仪器 150 箱		
运费金额	人民币（大写）壹仟捌佰元整		¥1800.00
验收情况	如数收到		验收人：刘涛
承运单位：海淀第三汽车运输队 经手人：王平			

（印章：海淀第三汽车运输队　财务专用章）

收款人：姜平　　复核　　开票人：林薄　　销货单位（章）

业务 14－1

1107898687

北京市增值税专用发票

发 票 联

国家税务总局监制

No06983325

校验码 11116485956231552 0　　　　开票日期 2007 年 12 月 10 日

购货单位	名　　称：北京晨星工厂 纳税人识别号：110108601683553 地 址、电 话：68899770 开户行及账号：555522－66				密码区	略	
货物或应税劳务名称	规格型号	单位	数量	单价	金额	税率	税额
维修费(换件)		小时			4000.00	17%	680.00
合计					4000.00		680.00
价税合计(大写)	肆仟陆佰捌拾元整				(小写) ¥4680.00		
销货单位	名　　称：红业汽车联合修理厂 纳税人识别号：110106045885212l 地 址、电 话：67154425 开户行及账号：88974533002680				备注		

收款人：白天　　复核：　　开票人：杨林　　销货单位(章)

第二联 记账联 销货方记账凭证

业务 14－2

中国工商银行

转账支票存根

支票号码：	
科　目：	
对方科目：	
签发日期：	2007 年 12 月 28 日
收款人：	中兴公司
金　额：	¥4680.00
用　途：	支付汽车维修费
备　注：	

单位主管：阳平　　会 计：阳平

复　核：　　记 账：王敏

业务 16－1

北京市行政事业性统一银钱收据　№03524126

京财 A—01—03　　　　　　　　　　　　　　　　支票号：

今收到：北京晨星工厂

交来：职工培训费

人民币（大写）贰仟叁佰壹拾元整　　¥2310.00

收款单位：　　　　收款人

（公章）　　（签章）　张红　　2007 年 12 月 12 日

现金付讫

北京市海淀科技中心 财务专用章

业务 18－1

北京商业零售专用发票　（06）№0397012

发票联

全国统一发票监制章 北京 国家税务总局监制

客户名称：北京晨星工厂　　　　　　　　　支票号：

编号	商品名称	规格	单位	数量	单价	金额 百	十	万	千	百	十	元	角	分
	礼品烟								2	2	8	0	0	0
小写金额合计								¥	2	2	8	0	0	0
大写金额	佰 拾 ¥ 万 贰 仟 贰 佰 捌 拾 零 元 零 角 零 分													

二发票联

现金付讫

开票单位：　　　　开票人：王放　　　2007 年 12 月 14 日

北京市龙凤饭店 财务专用章

业务 19－1

110006162　　　北京商业零售专用发票

发票联

全国统一发票监制章 北京 国家税务总局监制

№06581846

校验码 14281861205421314224　　　　开票日期 2007 年 12 月 14 日

购货单位	名　　称：华泰公司 纳税人识别号：110221150798561 地 址、电 话：73022589 开户行及账号：60018924566				密码区	略	
货物或应税劳务名称	规格型号	单位	数量	单价	金额	税率	税额
甲材料		千克	600	6.00	3600.00	17%	612.00
合计					3600.00		612.00
价税合计（大写）	肆仟贰佰壹拾贰元整				（小写）4212.00		
销货单位	名　　称：北京晨星工厂 纳税人识别号：110108601683553 地 址、电 话：68899770 开户行及账号：555522－66				备注		

第三联记账联销货方记账凭证

北京晨星 业务章

收款人：白路　　复核：　　开票人：林平　　销货单位（章）

业务 30－1

110006162

北京市增值税专用发票

发票联

№06581847

校验码 624513474572234　　　　开票日期：2007 年 12 月 20 日

购货单位	名　　称：新星有限责任公司 纳税人识别号：110108253542112852 地 址、电 话：62385820 开户行及账号：1245012308				密码区	略	
货物或应税劳务名称	规格型号	单位	数量	单价	金额	税率	税额
包装物租金			100	1.709	170.94	17%	29.06
合计					170.94		29.06
价税合计（大写）	人民币贰佰元整				（小写）200.00		
销货单位	名　　称：北京晨星工厂 纳税人识别号：110108601683553 地 址、电 话：68899770 开户行及账号：555522－66			备注			

第三联 记账联 销货方记账凭证

收款人：白露　　复核：　　开票人：林平　　销货单位（章）

业务 30－2

收　据

№65324512

2007 年 12 月 20 日

今收到：北京晨星工厂

交　来：退 100 只包装木箱押金（原押金 2000 元，每只收租金 2 元）

人民币：（大写）壹仟捌佰元整　　¥：1800.00

收款单位：

（签章）：

收款人：周彬　　交款人：何颖

第二联　收据

业务 30－3

出租出借包装物验收入库单

2007 年 12 月 20 日

租借单位	租借包装物品种	租用数量	单位	归还日期	归还数量	验收部门	备注
新兴有限公司	木箱	100	只	07.12.20	100	1#仓库	全部完好无破损

借出人：　　记账：　　验收：任小千

业务 36－1

商品出库单

№071236

货物类别:仪器　　　　2007 年 12 月 14 日　　　　第 1223 号

提货单位或购货方	东方迅捷公司	发票号码或生产号	1848	发出仓库	1#	出库日期	2007.12.14
编号	名称及规格	单位	数量	单价	金额		备注
	M 仪器	件	500				
	合计						

第二联会计记账

财会部门:阳平　　　　保管部门:仁小千　　　　复核:

业务 36－2

110006162

北京市增值税专用发票

发票联

全国统一发票监制章 北京 国家税务总局监制

№061848

校验码 58454236521452031253　　　　开票日期 2007 年 12 月 14 日

购货单位	名　称: 东方迅捷有限公司 纳税人识别号: 110109789654065 地 址、电 话: 98771232 开户行及账号: 126985231456	密码区	略

货物或应税劳务名称	规格型号	单位	数量	单价	金额	税率	税额
仪器	M	件	500	230.00	115000.00	17%	19550.00
合计					115000.00		19550.00
价税合计(大写)	壹拾叁万肆仟伍佰伍拾元整				(小写)134550.00		

销货单位	名　称: 北京晨星工厂 纳税人识别号:110108601683553 地 址、电 话:68899770 开户行及账号:555522－66	备注	北京晨星 ★ 业务章

第三联记账联销货方记账凭证

收款人:白露　　　　复核:　　　　开票人:林平　　　　销货单位(章)

业务 36－3

商业承兑汇票 2 XX0000895241

签发日期 贰零零柒年壹拾贰月贰拾贰日 第 号

出票人	全称	东方迅捷有限公司			收款人	全称	北京晨星工厂	
	账号	126985231456				账号	555522－66	
	开户银行	北京银行永安支行	行号	0052		开户银行	工行北京科园分理处	行号 0806
汇票金额	人民币（大写）壹拾叁万肆仟伍佰伍拾元整					千百十万千百十元角分	￥13455000	
汇票到期日	贰零零捌年零叁月贰拾贰日							
本汇票已经承兑到期无条件付款承兑人签章 承兑日期 2007 年 12 月 22 日					本汇票请予以承兑于到期日付款 出票人签章			

此联收款人留存

业务 41－1

110006162

北京市增值税专用发票

发票联

№06581849

校验码 60454236521452034444 开票日期 2007 年 12 月 24 日

购货单位	名称：万向公司 纳税人识别号：122478652113008 地址、电话：25462242 开户行及账号：002154623123				密码区	略	
货物或应税劳务名称	规格型号	单位	数量	单价	金额	税率	税额
YA 配件		件	1000	45.00	45000.00	17%	7650.00
JZ 配件		件	800	35.00	28000.00	17%	4760.00
合计					73000.00		12410.00
价税合计（大写）	捌万伍仟肆佰壹拾元整				（小写）85410.00		
销货单位	名称：北京晨星工厂 纳税人识别号：110108601683553 地址、电话：68899770 开户行及账号：555522－66		备注				

收款人：白露 复核： 开票人：林平 销货单位（章

第三联 记账联 销货方记账凭证

业务41－2

商品出库单

№071237

货物类别：产品－配件　　2007年12月24日　　第1224号

提货单位或购货方	万向公司	发票号码或生产号	1849	发出仓库	1#	出库日期	2007.12.24
编号	名称及规格	单位	数量	单价	金额		备注
	YA配件	件	1000				
	JZ配件	件	800				
	合计						

第三联会计记账

财会部门：阳平　　保管部门：仁小千　　复核：

业务41－3

委托银行收款（回　单）　1

委托日期　2007年12月24日　　号码：

付款人	全称	万向公司	收款人	全称	北京晨星工厂									
	账号或地址	002154623123		账号	555522－66									
	开户银行	工行北京××分理处		开户银行	工商银行北京分行科园分理处									
托收金额	人民币（大写）捌万伍仟肆佰壹拾元整			万	千	百	十	万	千	百	十	元	角	分
							¥	8	5	4	1	0	0	0
附件		商品发运情况		合同名称号码										
附记单证张数或册数	3	整车托运		0155										
备注：		款项收妥日期　年　月　日		收款人开户银行盖章　月　日										

此联为收款人开户银行给收款人的收账通知

（印章：中国工商银行北京分行 受理 2007.12.24）

业务42－1

晨星工厂行政事业性统一银钱收据

№13524110

京财A—01—03　　支票号：

今收到　北京晨星工厂

交　来：　12月垃圾清运费

人民币（大写）壹仟捌佰元整　　¥1800.00

收款单位　　收款人

（公章）　　（签章）　李莉　　2007年12月25日

现金付讫

（印章：……环卫局第三分队 财务专用章）

业务 47－1

110006162

北京市大众广告公司发票

发票联

发票号码 321654987002

客户名称:北京晨星工厂　　2007 年 12 月 29 日　　发票代码 65498711

项　目	摘 要	单位	数量	单价	金额
版面设计制作	电子广告牌	面	20	181.75	3635.00
合计(大写)	叁仟陆佰叁拾伍元整		￥:3635.00		

第二联客户

现金付讫

北京大众广告公司 财务专用章

收款:叶青　　经办:张志杨　　收款单位(盖章)

业务 55－1

网点号:

借:20105

贷款利息传票支款通知

2007 年 12 月 21 日　　(对方科目)贷:利息收入

账号	555522－66			
户名	北京晨星工厂			
起息日	止息日	利 率	积 数	利 息
2007/9/21	2007/12/20	0.0125	18000000.00	2250.00
利息金额	人民币(大写):贰仟贰佰伍拾元整		￥:2250.00	
备　注	对应计息账号:31000120105032358			

工商银行科园分理处 2007.12.21 转讫 (5)

会计:　　记账:

业务 61－1

已销产品成本计算表

年　月　日

品　名	销售日期	销售数量	成本单价	销售成本金额
M 仪器				
YA 配件				
JZ 配件				
本月销售商品总成本				

会计:　　复核:　　制表:

业务 62－1

网点号:0

贷:20105

存款利息传票收账通知

2007 年 12 月 31 日　　　　（对方科目）借:利息支出

账号	北京晨星工厂			
户　名	555522－66			
起息日	止息日	利　率	积　数	利　息
2007/09/21	2007/12/20	0.000022777	65855907.00	1500.00
利息金额	大写:人民币:壹仟伍佰元整			1500.00
备注	对应计息账号:			

工商银行科园分理处
2007.12.31
转讫
(5)

业务 65－1

坏账准备提取计算表

年　月　日

计提项目	年末余额	计提比率	计提金额
应收账款			
其他应收款			
合　计			

会计主管　　　　复核　　　　制表

业务 66－1

主营业务应缴增值税计算表

年　月　日

月初未交余额	本月已交税金	本月销项税额	本月进项税额	本月出口退税	本月进项税转出	本月应交增值税
合计						

会计:　　　　复核:　　　　制表:

业务 66－2

营业税金及附加提取计算表

年　月　日

计税项目	计税金额	税(费)率	提取金额
城市维护建设税		0.07	
教育费附加		0.03	
合计			

会计:　　　　复核:　　　　制表:

实训八　主办会计岗位实训

一、岗位知识与技能要求：

1. 熟悉相关的会计法律、法规、会计准则、会计制度、经济法律以及税务知识；
2. 熟悉整个企业全面的会计核算组织流程。
3. 能够进行总分类会计核算，熟悉整个账务平衡。
4. 熟悉收支账户的结转，以及年终的利润分配。
5. 熟悉账账核对；财证核对，账实核收。
6. 熟悉财务会计报告的编制。
7. 熟悉会计电算化的操作过程。
8. 具备较强的组织管理协调能力。
9. 有较高的企业管理、财务管理能力。

二、岗位职责：

1. 具体领导单位财务会计工作。
2. 组织制定、贯彻执行本单位的财务会计制度。
3. 组织编制本单位的各项财务、成本计划。
4. 组织开展财务成本分析。
5. 审查或参与拟定经济合同、协议及其他经济文件。
6. 参加生产经营管理会议，参与经营决策。
7. 审查有关会计凭证、登记总分类账簿，试算平衡。
8. 负责月末损益类账户的结转，以及年终利润的分配。
9. 负责整个企业账账间的核对。
10. 负责向本单位领导、职工代表大会报告财务状况和经营成果。
11. 负责编制并审查对外报送的财务会计报告。
12、负责纳税申报。

三、岗位实训要求：

1. 根据总账的期初余额，建立企业的总分类账簿。
2. 审核其他岗位已编制的记账凭证。
3. 收集其他岗位的科目汇总表并据以登记总账。
4. 结转损益类账户，计算并结转所得税。
5. 结转本年利润，并进行年终的利润分配。
6. 结出总账账户的余额，并试算平衡。
7. 将总账余额与其他岗位的日记账、明细账余额进行核对，达到账账相符。
8. 根据总账和有关明细账的余额编制会计报表。
9. 实训材料准备：总账账页、试算平衡表、资产负债表、利润表。

四、实习训练资料：

见业务题：67、68、69、70、71

(一)本部分年终账务处理资料

业务 67－1

损益类账户本月结转前的余额表

科目名称	借方发生额	贷方发生额
主营业务收入		
主营业务成本		
营业税金及附加		
销售费用		
管理费用		
财务费用		
资产减值损失		
投资收益		
营业外收入		
营业外支出		

要求：将损益类账户的余额，填入上表，再编制结转损益的会计分录。

业务 68－1

所得税费用计算表

年　月　日

项　目	金　额	备注
全年应纳税所得额(利润总额)		
全年应纳所得税额(25%)		
1－11 月已预缴所得税	35000	
12 月应补(退)所得税		

会计主管：　　　　复核：　　　　制表：

业务 69－1 无需原始单据

结转所得税费用。

业务 70－1

(1)结转全年净利润。

(2)对全年利润进行分配。

利润分配计算表

年 月 日

一、税后利润		
二、分配项目	分 配 比 例	分 配 金 额
1. 提取盈余公积金	10%	
2. 向投资者分配利润		
其中:亚泰集团	投资比例 60.7 %	
华联公司	投资比例 20 %	
常铝公司	投资比例 19.3 %	
3. 分配合计		
三、未分配利润		

会计主管: 复核: 制表

业务 71

利润分配明细账结转表

年 月 日

明细账账户	结转前余 额	结转到未分配利润账户的金额	备 注
合 计			

会计主管 复核 制表

(二)报表编制的相关资料

要求:编制晨星工厂 2007 年 12 月"资产负债表"和"利润表"。

1. 北京晨星厂 1—11 月损益类账户的累计发生额如下。

科目名称	借方发生额	贷方发生额
主营业务收入		5350000
主营业务成本	4283000	
营业税金及附加	15260	
销售费用	245200	
管理费用	361000	
财务费用	142600	
资产减值损失		
投资收益		34100
营业外收入		28000
营业外支出	221840	

利　润　表

编制单位:　　　　　　200　年　月　　　　　　单位:元

项　目	行次	上年数	本年累计数
一、营业收入	1		
减:营业成本	2		
营业税金及附加	3		
销售费用	6		
管理费用	7		
财务费用	8		
资产减值损失	9		
加:投资收益	10		
二、营业利润	13		
加:营业外收入	14		
减:营业外支出	15		
	16		
三、利润总额	17		
减:所得税费用	20		
四、净利润	21		

主管领导:　　　　复核:　　　　制表:

(利润表中的上年数略)

资产负债表

编制单位：　　　　　　　　年　月　日　　　　单位：元

资产	年初余额	期末余额	负债和所有者权益（或股东权益）	年初余额	期末余额
流动资产：			流动负债：		
货币资金	188640		短期借款	86000	
交易性金融资产	20000		交易性金融负债		
应收票据	21000		应付票据	19000	
应收账款	190280		应付账款	204986	
预付款项	6970		预收款项	10200	
应收利息			应付职工薪酬	19400	
应收股利			应交税费	13200	
其他应收款	14440		应付利息		
存货	368240		应付股利		
一年内到期的非流动资产			其他应付款	9000	
其他流动资产	6260		一年内到期的非流动负债		
流动资产合计	815830		其他流动负债	4500	
非流动资产：			流动负债合计	366286	
可供出售金融资产			非流动负债：		
持有至到期投资			长期借款	104000	
长期应收款			应付债券		
长期股权投资	300000		长期应付款		
投资性房地产			专项应付款		
固定资产	573630		预计负债		
在建工程	37120		递延所得税负债		
工程物资			其他非流动负债		
固定资产清理			非流动负债合计	104000	
生产性生物资产			负债合计	470286	
油气资产			所有者权益（或股东权益）：		
无形资产	22600		实收资本（或股本）	1080000	
开发支出			资本公积	11659	
商誉			减：库存股		
长期待摊费用	14200		盈余公积	52685	
递延所得税资产			未分配利润	148750	
其他非流动资产			所有者权益（或股东权益）合计	1293094	
非流动资产合计	947550				
资产总计	1763380		负债和所有者权益（或股东权益）总计	1763380	

主管领导：　　　　　　复核：　　　　　　制表：

第三章　企业综合模拟实训

在分岗位实训的基础上，为了进一步增强学生的动手能力，适应各种不同行业中小企业的会计核算，特增加了小型工业、商业、餐饮旅游企业的综合会计核算，业务尽量简化，重点突出各行业会计的核算特点。

第一单元　工业企业会计综合模拟实训

实训目的：进一步熟练掌握原始凭证的填制、识别、运用、审核；熟练掌握通用记账凭证的填制与审核；进一步熟悉成本计算程序；熟练掌握记账凭证核算程序.

熟练掌握建账、过账、对账、结账等技能；进一步熟悉财务报表的编制。

实训环境：会计模拟实验室，配有相关原始凭证、记账凭证、实物展台等。

实训要求：

1. 记账凭证：编制通用记账凭证。
2. 核算程序：采用记账凭证核算程序。
3. 原材料的核算：采用实际成本核算。
4. 原材料的投料方式：随着加工进度陆续投入。
5. 生产费用在完工产品和在产品之间的分配方法：约当产量法。
6. 产品成本计算方法：综合逐步结转分步法。
7. 发出材料、半成品、销售产品的成本计算，均采用加权平均法。
8. 辅助车间的制造费用通过"制造费用"账户核算。
9. 产品的成本项目设有"直接材料"、"自制半成品"、" 直接工资"、" 制造费用"四个成本项目。
10. 企业设有自制半成品库房。

实训资料：

企业概况

企业名称：四川德阳惠东厂

法定代表人：白杨

注册地址：四川德阳市人民大街 15 号

注册资本：100 万元

企业类型：民营工业企业

经营范围：生产、销售 101#、102#产品

企业组织机构：企业下设一个办公室、两个基本车间、一个辅助车间、一个销售部门

开户行：工商银行第三支行

账号：30000467845

税务登记证号：800701250056868

纳税人类型：一般纳税人

一般增值税税率：17%、城市维护建设税税率 7%、教育费附加 3%。

基本生产流程：

该工厂设有两个基本生产车间即一车间和二车间，大量生产 101#、102#产品。第一车间生产 101#半成品和 102#半成品，第二车间将 101#和 102 半成品加工成 101#产品和 102#产品。该企业另设有一个辅助生产机修车间，为全厂提供机修服务。

1. 四川德阳惠东厂 2007 年 12 月 1 日各总分类账的余额如下表：

四川德阳惠东厂 2007 年 12 月初各总账余额

单位:元

总账科目	借或贷	借方余额	会计科目	借或贷	贷方余额
库存现金	借	1500.00	短期借款	贷	50000.00
银行存款	借	142475.00	应付职工薪酬	贷	206000.00
应收账款	借	46800.00	应付利息	贷	600.00
原材料	借	54000.00	应交税费	贷	22500.00
库存商品	借	32500.00	应付账款	贷	36300.00
生产成本	借	166440.00	长期借款	贷	150000.00
自制半成品	借	301243.00	实收资本	贷	1000000.00
固定资产	借	2990000.00	资本公积	贷	558500.00
累计折旧	贷	509600.00	盈余公积	贷	375358.00
			本年利润	贷	786100.00
			利润分配	贷	40000.00
合计		3225358.00	合计		3225358.00

本年利润 786100 元为 1—11 月的累计实现利润。

2. 2007 年 11 月末部分账户明细账余额如下：

(1) 应收账款——光华工厂　46800 元

(2) 应交税费——应交增值税　20500 元

——应交城市维护建设税　1435 元

——应交教育费附加　565 元

(3) 应付职工薪酬——工资　200000 元

——社保基金　3500 元

——职工福利费　1500 元

——工会经费　550 元

——职工教育经费　450 元

(4) 应付账款——成都前进厂　23800 元

——德阳电机厂　12500 元

(5)原材料明细账余额如下：

原材料明细账

2007 年 12 月 1 日

材料名称	数 量	单 位	单 价	金 额
A 材料	1000	千克	30.00	30000.00
B 材料	1500	千克	10.00	15000.00
C 材料	600	千克	15.00	9000.00
合计				54000.00

(6)库存商品明细账余额如下：

库存商品明细账

2007 年 12 月 1 日

商品名称	数 量	单 位	单 价	金 额
101#商品	20	件	500.00	10000.00
102#商品	30	件	750.00	22500.00
合计				32500.00

生产成本——基本生产成本明细账

产品名称	单位	直接材料	自制半成品	直接人工	制造费用	合计
101#半成品	件	53440		8200	11000	72640
102#半成品	件	76200		7600	10000	93800
合计		129640		15800	21000	166440

自制半成品明细账

2007 年 12 月 1 日

产品	实际数量(件)	单价	实际成本(元)
101#半成品	400	385.00	154000
102 半成品	300	490.81	147243
合计			301243

(7)其他与成本计算相关的资料：

产量记录单

2007 年 12 月

		月初在产品	本月投入	本月完工	月末在产品	月末在产品完工程度
一车间	101#半成品	200	1000	800	400	50%
	102#半成品	200	600	700	100	50%
二车间	101#产品	/	600	500	100	50%
	101#产品	/	500	300	200	50%

产品加工工时统计表

2007 年 12 月

		工 时(小时)
一车间	101#半成品	3000
	102#半成品	2000
	小计	5000
二车间	101#产品	1500
	101#产品	2500
	小计	4000
合 计		9000

德阳惠东工厂 12 月发生的业务如下：

业务 1 采购员王平预借差旅费

借款支付凭证

2007 年 12 月 1 日

借款部门(个人)：王平

借款理由 :预借差旅费

借款金额(大写)捌佰元整

本部门负责人意见 同意 孙星 借款人(签字) 王平

领导批示意见： 同意 白杨

现金付讫

业务 2 收到光华工厂的前欠货款

托收承付凭证(收账通知) 4

委托日期 2007 年 12 月 2 日 托收号码:3124

付款人	全 称	成都光华工厂	收款人	全 称	四川惠东工厂
	账号或地址	19652412322		账号	3 0000467845
	开户银行	建设银行 X 分理处		开户银行	工商银行德阳分行第三支行
托收金额	人民币(大写)肆万陆仟捌佰元整			万 千 百 十 万 千 百 十 元 角 分	¥ 4 6 8 0 0 0 0
附 件		商品发运情况		合同名称号码	
附记单证张数或册数	3	整车托运		09	
备注：		款项收妥日期 年 月 日		收款人开户银行盖章 月 日	

此联为收款人开户银行给收款人的收账通知

工商银行德阳第三支行 2007 12 2 转 讫 (5)

业务3 支付广告费

德阳市南建广告公司发票 **发票号码** 321654987002

发票联

发票代码 65498711

客户名称:德阳惠东工厂 2007年12月4日

项 目	摘 要	单位	数量	单价	金额
版面设计制作	电子广告牌	面	1	500.00	500.00
合计(大写)	伍佰元整 ¥:500.00				

第二联客户

现金付讫

收款:张青 经办:罗志杨 收款单位(盖章)

业务4 提取现金准备发放工资

中国工商银行

现金支票存根

支票号码:

科 目:

对方科目:

签发日期:2007年12月5日

收款人:王莹
金 额:¥14000.00
用 途:提取现金备用
备 注:

单位主管: 会 计:张星

复 核: 记 账:王莹

业务5 购进并领用办公用品

业务5-1

商品流通企业商品销售统一发票

发票联

购货单位:德阳惠东工厂 2007年12月7日 川税(06)

品 种	规格	等级	单位	数量	单价	金额 十	万	千	百	十	元	角	分
笔,记本	100页	一	个	40	5.00				2	0	0	0	0
计算器	YH	一	个	8	80.00				6	4	0	0	0
人民币(大写)	拾 万 ¥仟捌佰肆拾零元零角零分							¥	8	4	0	0	0

发票联

现金付讫

销售单位:盖章 收款:李平 开票:李平

业务5－2

办公用品发放表

2007年12月7日

领用部门:厂部

品种	规格	等级	单位	数量	单价	金额 十	万	千	百	十	元	角	分
笔记本	100页	一	个	40	5.00				2	0	0	0	0
计算器	YH—105	一	个	4	80.00				3	2	0	0	0
人民币（大写）	拾 万 ¥仟伍佰贰拾零元零角零分							¥	5	2	0	0	0

会计:张星　　出纳:　　经手人:李圆

业务5－3

办公用品发放表

2007年12月1日

领用部门:一车间

品种	规格	等级	单位	数量	单价	金额 十	万	千	百	十	元	角	分
计算器		一	个	4	80.00				3	2	0	0	0
人民币（大写）	拾 万 ¥仟叁佰贰拾零元零角零分							¥	3	2	0	0	0

会计:张星　　出纳:　　经手人:李圆

业务6　销售101#产品、102#产品

业务6－1

210006162　　**四川省增值税专用发票**　　№07581849

发票联

校验码70454236521452O3456　　开票日期2007年12月7日

购货单位	名称:美风公司　纳税人识别号:122478652113008 地址、电话:25462242　开户行及账号:002154623123					密码区	略
货物或应税劳务名称	规格型号	单位	数量	单价	金额	税率	税额
101#产品		件	10	950.00	9500.00	17%	1615.00
102#产品		件	20	1200.00	24000.00	17%	4080.00
合计					33500.00		5695.00
价税合计(大写)	叁万玖仟壹佰玖拾伍元整				(小写)39195.00		
销货单位	名称:德阳惠东工厂　纳税人识别号:800701250056868 地址、电话:8899770　开户行及账号:30000467845					备注	

第三联 记账联　销货方记账凭证

收款人:王东　　复核　　开票人:林平　　销货单位(章)

业务 6－2

商品出库单　　　　№071237

货物类别：　　　　2007 年 12 月 7 日　　　　第 1224 号

提货单位或购货方	美风公司	发票号码或生产号	1849	发出仓库	1#	出库日期	2007.12.24
编号	名称及规格	单位	数量	单价	金额		备注
	101#产品	件	10				
	102#产品	件	20				
	合计						

第二联会计记账

会计：　　　　保管：魏辰　　　　复核：

业务 6－3

委托银行收款凭证(回单)　　1

委托日期 2007 年 12 月 7 日　　　　号码：

付款人	全称	美风公司	收款人	全称	德阳惠东工厂
	账号或地址	002154623123		账号	30000467845
	开户银行	工行第四支行		开户银行	工商银行第三支行

托收金额	人民币(大写)叁万玖仟壹佰玖拾伍元整	万	千	百	十	万	千	百	十	元	角	分
					¥	3	9	1	9	5	0	0

附件		商品发运情况	合同名称号码
附记单证张数或册数	3	整车托运	05
备注：		款项收妥日期 年　月　日	收款人开户银行盖章　月　日

(印章：中国工商银行德阳分行 受理 2007.12.7)

此联为收款人开户银行给收款人的收账通知

业务7 交纳上月未交税费

业务7－1

中华人民共和国

税收通用缴款书　　（2007）川国缴 NO0023569

全国统一发票监制 四川 国家税务总局监制

隶属关系：无

注册类型：民营工业企业　　2007年12月7日　　征收机关：德阳市国家税务局

缴款单位	代码	0 8 0 0 1 0 0 0	电话	68891111	预算科目 编码	300400
	全称	德阳惠东工厂			名称	一般增值税
	开户银行	工商银行 德阳市第三支行			级次	国家级
	账号	30000467845			收款国库	德阳市支库
税款所属时期 2007年11月1日至11月30日					税款限缴日期 2007年12月7日	

品目名称	课税数量	计税金额或销售收入	税率或单位税额	已缴或扣除额	实缴税额 千	百	十	万	千	百	十	元	角	分
增值税			17%					2	0	5	0	0	0	0
金额合计（大写）×佰×拾贰万零仟伍佰零拾零元零角零分					¥工商银行德阳第三支行								0	0
收款人单位（盖章）填票人（章）	税务机关（盖章）填票人（章）	上列款项已收妥并划转收款单位账户 国库（银行）盖章 年 月 日												

德阳惠东工厂 财务专用章

工商银行德阳第三支行 2007 12 7 转讫 （5）

第一联 缴款单位做完税凭证

业务 7－2

电子缴库专用缴款书　　(2007)川地电库:NO 5012545

2007 年 12 月 7 日

已申报　申报序号:已申报

纳税人计算机代码	:800701250056868	征收机关代码	020365
纳税人名称	德阳惠东工厂	征收机关名称	德阳市地方税务局
付款人名称	德阳惠东工厂	收款国库名称	工行德阳市支库
付款人开户	工行第三支行	国库清算行	中国人民银行
银行名称	中国工商银行		
付款人账户	30000467845		

纳税项目代码	课税数量	计税金额	实缴税额
城市建设维护税		20500.00	1435.00
教育费附加			565.00
金额合计(大写):人民币贰仟元整 ￥2000.00			

收款人单位 (盖章) 填票人(章)	税务机关 (盖章) 填票人(章)	上列款项已收妥并划转收款单位账户 国库(银行)盖章　年　月　日

业务 8

购进材料入库,货款尚未支付,开出了 3 个月期的商业承兑汇票

业务 8－1

120002521　　北京市增值税专用发票

发　票　联

№02420351

校验码 20171622253080071569　　开票日期 2007 年 12 月 8 日

购货单位	名　　称:四川德阳惠东工厂 纳税人识别号:800701250056868 地 址、电 话:8899770 开户行及账号:30000467845			密码区	略		
货物或应税劳务名称	规格型号	单位	数量	单价	金额	税率	税额
A 材料		kg	9000	29.00	261000.00	17%	44370.00
B 材料		kg	15000	12.00	180000.00		30600.00
合计					441000.00		74970.00
价税合计(大写)	伍拾壹万伍仟玖佰柒拾元整				(小写)￥515970.00		
销货单位	名　　称:北京大发公司 纳税人识别号:202540213685214562 地 址、电 话:北京顺义路 15 号 开户行及账号:农业银行北京分行第二分理处 0133688258675			备注			

第三联　记账联　销货方记账凭证

收款人:李鱼　　复核　　开票人:王明　　销货单位(章)

业务 8－2

运费结算单

2007 年 12 月 8 日

托运单位	北京大发公司	接收单位或地点	北京大发工厂
运输货物	材 料 24000 千克		
运费金额	人民币（大写）壹万贰仟元整	¥12000.00	
验收情况	如 数 收 到	验收人：刘红	
业务章	承运单位：第三汽车运输队（公章） 经手人：王平		

北京第三运输公司

业务 8－3

工商银行信汇凭证（回单）　1

☑普通　☐加急　　委托日期 2007 年 12 月 12 日

汇款人	全 称	德阳惠东工厂	收款人	全 称	北京第三汽车运输公司
	账 号	30000467845		账 号	01336882586
	汇出地点	四川德阳		汇入地点	北京市
汇出行名称		工行第三支行	汇入行名称		农业银行北京分行第二分理处
金额		人民币（大写）壹万贰仟元整			

百	十	万	千	百	十	元	角	分
	¥	1	2	0	0	0	0	0

备注	支付密码
汇出行盖章	附加信息及用途：支付运费 复核：　记账：

转讫
2007.12.12
(05)

业务 8－4

材料采购运杂费分配表

2007 年 12 月 8 日

发货单位	北京大发公司		
材料名称	分配标准	分配率	分配金额
A 材料	9000 千克		
B 材料	15000 千克		
合 计			12000.00

会计：　　　　复核：　　　　制单人：

业务8－5

商业承兑汇票　　3　　汇票号码

签发日期：贰零零柒 年 壹拾贰月零捌日　　　　　　第　号

<table>
<tr><td rowspan="3">出票人</td><td>全 称</td><td colspan="3">北京大发公司</td><td rowspan="3">付款人</td><td>全称</td><td colspan="3">四川德阳惠东工厂</td><td rowspan="3">此联付款人存</td></tr>
<tr><td>账 号</td><td colspan="3">01336882586</td><td>账号</td><td colspan="3">30000467845</td></tr>
<tr><td>开户银行</td><td>农业银行北京分行第二分理处</td><td>行号</td><td>13</td><td>开户银行</td><td>工行德阳分行第三支行</td><td>行号</td><td>05</td></tr>
</table>

汇票金额	人民币（大写）伍拾壹万伍仟玖佰柒拾元整	千	百	十	万	千	百	十	元	角	分
			¥	5	1	5	9	7	0	0	0

汇票到期日	贰零零捌年零叁月零捌日	备注：	
本汇票请期日承兑，支付票款 出票人签章 2007 年 12 月 8 日		河北同发公司 汇票专用章 2007.12.8	承兑协议编号 科目 对方科目 年　月　日 复核　　记账

业务8－6

德阳惠东工厂材料入库验收单

2007 年 12 月 8 日

品　名	规格	单位	数　量		实际价格			
			来料数	实际数	单价	金额	运费	合计
A 材料		kg	9000	9000				
B 材料		kg	15000	15000				
合计								

会计：　　　　保管：魏辰　　　　制单：江风

业务 9　取得两年期的借款存行。

贷款申请书(第四联)

申请日期 2007 年 11 月 25 日

贷款日期 2007 年 12 月 12 日　　　　　　　　第　号

<table>
<tr><td>贷款单位全称</td><td colspan="2">德阳惠东工厂</td><td>贷款户账号</td><td colspan="3">70125</td><td colspan="4">存款户账号</td><td colspan="4">30000467845</td></tr>
<tr><td rowspan="2">贷款金额(大写)</td><td colspan="3" rowspan="2">伍拾万元整</td><td>亿</td><td>千</td><td>百</td><td>十</td><td>万</td><td>千</td><td>百</td><td>十</td><td>元</td><td>角</td><td>分</td></tr>
<tr><td></td><td>¥</td><td>¥</td><td>5</td><td>0</td><td>0</td><td>0</td><td>0</td><td>0</td><td>0</td><td>0</td></tr>
<tr><td>贷款种类</td><td>工业周转</td><td colspan="2">年利息率 8.5%</td><td colspan="11">约定还款日期 2009 年 12 月 10 日</td></tr>
<tr><td colspan="3">上列借款已核准发放并转入指定账户
致

(银行签章)</td><td colspan="12">转讫
2007.12.12
(05)
备注</td></tr>
</table>

贷款回单

业务 10　收到雨田公司投资。

业务 10－1

收　据

2007 年 12 月 14 日

交款款单位:德阳雨田公司

收款理由 :出资款

收款金额(大写)贰拾万元整

本部门负责人意见　　经手人:(签字)李旭

领导批示意见:　同意　白杨

德阳惠东
财务章

业务 10－2

出资证明

惠东厂字第 02 号

德阳惠东厂已经于 2007 年 12 月 14 日在德阳市工商行政管理局办理注册资金变更登记,公司注册资金为人民币 120 万元。股东德阳雨田公司已经交纳自己认购的出资额人民币 20 万元(大写贰拾万元整),占注册资本的 15%(百分之壹拾伍)

此据

德阳惠东
财务章

德阳惠东厂(公章)

2007 年 12 月 14 日

业务 10－3

中国工商银行 **转账支票存根**
支票号码：
科　　目：
对方科目：
签发日期：2007 年 12 月 14 日
收款人：德阳市工商行政管理局
金　额：¥500.00
用　途：支付工商登记费
备　注：

单位主管：　　　　会 计：

复　　核：　　　　记 账：

业务 10－4

德阳市行政事业单位非税收入一般缴款书

单位名称：德阳惠东厂　　　　2007 年 12 月 14 日

项 目	单 位	数 量	收费标准	金 额						
				万	千	百	十	元	角	分
工商注册登记费					¥	5	0	0	0	0
合计人民币大写：伍佰元整					¥	5	0	0	0	0

开票人：李玫　　收款人：郭静　　收款单位（盖章）

德阳市工商行政管理局 财务章

业务 10－5

工商银行进账单（回单）

2007 年 12 月 14 日　　　　第　号

付款人	全 称	德阳雨田公司	收款人	全 称	德阳惠东工厂									
	账 号	478963514		账 号	30000467845									
	开户银行	建设银行开发区支行		开户银行	工商银行德阳分行第三支行									
人民币（大写）		贰拾万元整			仟	佰	拾	万	仟	佰	拾	元	角	分
						¥	2	0	0	0	0	0	0	0
票据种类		银行转账支票	收款人开户银行盖章											
票据张数		1												
备注：														

此联为收款人开户银行交给收款人的回单

工商银行德阳第三支行 2007.12.14 转讫 (5)

业务 11　购进 C 材料验收入库

业务 11－1

20002535

四川省增值税专用发票

发票联

№02420358

校验码 20171622253080071８

开票日期 2007 年 12 月 15 日

购货单位	名　　称：四川德阳惠东厂 纳税人识别号：800701250056868 地 址、电 话：8899770 开户行及账号：30000467845	密码区	略

货物或应税劳务名称	规格型号	单位	数量	单价	金额	税率	税额
C 材料		kg	3500	15.00	52500.00	17%	8925.00
合计					52500.00		8925.00
价税合计（大写）	陆万壹仟肆佰贰拾伍元整				（小写）￥61425.00		

销货单位	名　　称：成都东风公司 纳税人识别号：102540213685214562 地 址、电 话：成都市天府路 26 号 开户行及账号：农业银行四川分行天俯分理处 501336882586	备注	成都东风公司 财务专用章

收款人：李进　　复核　　开票人：王新　　销货单位（章）

第三联　记账联　销货方记账凭证

业务 11－2

运费结算单

2007 年 12 月 15 日

托运单位	德阳灰狗运输公司	接收单位或地点	德阳灰狗运输公司
运输货物	材料 3500 千克		
	人民币（大写）捌佰元整		￥800.00
验收情况	如数收到	验收人：魏辰	
	承运单位：德阳灰狗运输公司（公章） 经手人：王平		

现金付讫

德阳灰狗运输公司 业务章

业务11－3

材料采购运杂费分配表

2007年12月15日

发货单位	:成都东风公司		
材料名称	分配标准	分配率	分配金额
C材料	3500千克		
合计			

会计：　　　　复核：　　　　制单人：

业务11－4

托收承付凭证（支款通知）　4

委托日期:2007年12月17日

托收号码:3124

<table>
<tr><td rowspan="3">付款人</td><td>全称</td><td>四川德阳惠东厂</td><td rowspan="3">收款人</td><td>全称</td><td>成都东风公司</td></tr>
<tr><td>账号或地址</td><td>30000467845</td><td>账号</td><td>501336882586</td></tr>
<tr><td>开户银行</td><td>工商银行第三支行</td><td>开户银行</td><td>农业银行四川分行天俯分理处</td></tr>
<tr><td rowspan="2">托收金额</td><td colspan="3" rowspan="2">人民币（大写）陆万壹仟肆佰贰拾伍元整</td><td colspan="2">万 千 百 十 万 千 百 十 元 角 分</td></tr>
<tr><td colspan="2">¥ 6 1 4 2 5 0 0</td></tr>
<tr><td colspan="3">附件</td><td colspan="2">商品发运情况</td><td>合同名称号码</td></tr>
<tr><td colspan="2">附记单证张数或册数</td><td>2</td><td colspan="2">整车托运</td><td>189</td></tr>
<tr><td colspan="3">备注：</td><td colspan="2">款项收妥日期
年 月 日</td><td>收款人开户银行盖章 月 日</td></tr>
</table>

工商银行德阳第三支行 2007.12.17 转讫 (5)

此联为收款人开户银行给收款人的收账通知

业务11－5

德阳惠东工厂材料入库验收单

2007年12月15日

品名	规格	单位	数量		实际价格			
			来料数	实际数	单价	金额	运费	合计
C材料		kg	3500	3500				
合计								

会计：　　　　保管：魏辰　　　　制单：江风

业务 12 用现金发放上月职工工资。

业务 12－1

工资结算汇总表

单位:德阳惠东工厂 2007 年 11 月 单位:元

人员类别		应付工资					代扣款项				实发工资
		标准工资	各种奖金	各种津贴	缺勤扣款	合计	房租	水电费	个人所得税	合计	
一车间	生产工人	35000	10000	20000	5000	60000	3000	500		3500	56500
	管理人员	12000	5000	5000	2000	20000			50	50	19950
二车间	生产工人	30000	11000	9200	200	50000	2000	400		2400	47600
	管理人员	5000	3500	1800	300	10000			200	200	9800
机修车间	生产工人	12000	5500	4500	2000	20000	1000	300		1300	18700
	管理人员	2500	1200	1500	200	5000			50	50	4950
企业管理人员		11000	5000	4200	200	20000			150	150	19850
企业销售人员		8000	3500	3800	300	15000			50	50	14950
合计		115500	44700	50000	10200	200000	6000	1200	500	7700	192300

会计: 复核: 制单人:

业务 12－2

中国工商银行
转账存根

XⅥ0000000

附加信息

签发日期 2007 年 12 月 16 日

收款人:	德阳惠东厂
金　额:	￥192300.00
用　途:	备发工资

单位主管: 会计:张星

记账: 复核:

业务 13　计提本月职工薪酬。

按工资总额的 10%、12%、2%、10%、5%、2%、1.5% 计提职工医疗保险费、养老保险费、失业保险费和住房公积金、职工福利费、工会经费、职工教育经费。生产工人的工资按生产工时比例分配：

业务 13－1

应付职工薪酬分配计提汇总表

2007 年 12 月　　　　单位：元

人员		应付工资	社会保险费		公积金		福利费		工会经费		教育经费		薪酬合计
			比率	金额	比率	金额	比率	金额	比率	金额	比率	金额	
一车间	生产工人	65000											
	管理人员	20000											
二车间	生产工人	53000											
	管理人员	10000											
机修车间	生产工人	21000											
	管理人员	5000											
管理人员		21000											
销售人员		15000											
合　计		210000											

主管：张星　　审核：张星　　制单：刘冬

业务 14　支付前欠货款

工商银行电汇凭证（回 单）

□普通　□加急　　委托日期 2006 年 12 月 17 日

汇款人			收款人		
汇款人	全 称	德阳惠东厂	收款人	全 称	成都市前进厂
	账 号	30000467845		账 号	60334010002827
	汇出地点	工商银行第三支行		汇入地点	
汇出行名称		中行建国路支行	汇入行名称		工行翠[illegible]路支行

金额	十	亿	千	百	十	万	千	百	十	元	角	分
人 民 币（大写）：贰万叁仟捌佰元整					¥	2	3	8	0	0	0	0

备注：支付前欠货款	支付密码

2007.12.17　四川成都市　转讫　(5)

业务 15 偿还借款

工商银行还款通知单

贷款单位	四川德阳惠东厂												
还款金额	人民币(大写) 伍万元整			千	百	十	万	千	百	十	元	角	分
						¥	5	0	0	0	0	0	0
贷款日期	2007 年 09 月 17 日	还款日期	2007 年 12 月 17 日										
上列款项请从我单位存款户支付 (还款单位盖章)		上列款项已从你单位账户支付划转至内部银行 (内部银行盖章)											

第2联 企业记账联

业务 16 报销差旅费

业务 16－1

收 据

NO:00359

2007 年 12 月 19 日

摘 要	金 额							
	十	万	千	百	十	元	角	分
王平退回报销差旅费多余款				¥	5	0	0	0
合计人民币(大写) 伍拾元正								
备 注 原预借 800 元								

现金收讫

负责人:白杨 会计:张星 收款人:王莹

业务 16－2

差旅费报销单

单位:销售科

2007 年 12 月 20 日

月	日	时间	出发地	月	日	时间	到达地	汽车费	市内交通	宿费	会议费	出差补助		合计
												天数	金额	
12	2	8:50	德阳	12	3		内江	125		350		5	150	
12	6	09:00	内江	12	6		德阳	125						
合 计								250		350			150	750

任务:出差联系业务	报销金额人民币(大写)柒佰伍拾元整				报销金额:750.00		
	经费授权人	白杨	负责人		出差人	王平	预借金额:800.00

负责人:白杨 会计:张星 收款人:王莹

业务 17　销售材料

业务 17－1

110006162　　　　**四川省增值税专用发票**

发票联（全国统一发票监制章 四川 国家税务总局监制）

№06581849

校验码　6045423652145203444　　　　开票日期 2007 年 12 月 21 日

购货单位	名称：成都万向公司 纳税人识别号：222478652113023 地 址、电 话：25462242 开户行及账号：002154623123					密码区	略	
货物或应税劳务名称	规格型号	单位	数量	单价	金额	税率	税额	
A 材料 合计		千克	300	55.00	16500.00	17%	2805.00	
价税合计（大写）	壹万玖仟叁佰零伍元整　（小写）19305.00							
销货单位	名称：德阳惠东工厂 纳税人识别号：110108601683553 地 址、电 话：8899770 开户行及账号：30000467845					备注	（德阳惠东工厂 财务专用章）	

收款人：王莹　　复核：　　开票人：张新　　销货单位（章）

第三联 记账联 销货方记账凭证

业务 17－2

商品出库单　　№071237

货物类别：材料　　2007 年 12 月 20 日　　第 124 号

提货单位或购货方	成都万向公司	发票号码或生产号	1849	发出仓库	1#	出库日期	2007.12.20
编号	名称及规格	单位	数量	单价	金额		备注
	A 材料	千克	300				

财会部门：张星　　保管部门：魏辰　　制单：魏辰

第二联 会计记账

业务 17－3

委托银行收款（回单）　1

委托日期 2007 年 12 月 20 日　　号码：

付款人	全 称	成都万向公司	收款人	全 称	德阳惠东工厂										
	账号或地址	002154623123		账号	30000467845										
	开户银行	工行抚琴路分理处		开户银行	工商银行第三支行										
托收金额	人民币（大写）壹万玖仟叁佰零伍元整			万	千	百	十	万	千	百	十	元	角	分	
							¥	1	9	3	0	5	0	0	
附件		商品发运情况			合同名称号码										
附记单证张数或册数	1	整车托运			0155										
备注：		款项收妥日期 年 月 日			收款人开户银行盖章 月 日										

（中国工商银行德阳支行 受理 2007.12.24）

此联为收款人开户银行给收款人的收账通知

业务 18　本月水电费发生情况如下：

业务 18－1

外购动力费分配表

2007 年 12 月

产品、部门、项目	单位	生产用电			照明用电			合计
		用电数量	单价	金额	用电数量	单价	金额	
生产一车间	度	30000	0.60		800	0.60		
生产二车间	度	11000	0.60		350	0.60		
机修车间	度	14000	0.60		1000	0.60		
管理部门	度				1850	0.60		
合计		55000	0.60		4000	0.60		

会计：　　　　复核：　　　　制单：

注：一车间、二车间生产用电均按按生产工时比例分配。

业务 18－2

一车间生产用电分配表

2007 年 12 月

产品名称	生产工时	分配率	分配金额
101#半成品			
102#半成品			
合　计			18000.00

会计：　　　　复核：　　　　制单：

业务 18－3

二车间生产用电分配表

2007 年 12 月

产品名称	生产工时	分配率	分配金额
101#产品			
102#产品			
合　计			6600.00

会计：　　　　复核：　　　　制单：

业务19 本月领料汇总情况如下：

本月发出材料汇总表

2007年12月

总账科目	明细科目	A材料		B材料		C材料		合计
		数量（KG）	金额	数量（KG）	金额	数量	金额	
生产成本（一车间）	101半成品	4500		7500		1500		
	102半成品	4100		7000		1200		
生产成本	辅助生产成本			500		200		
制造费用	一车间	200						
制造费用	二车间	100		500				
制造费用	机修车间	300						
其它业务成本		300						
合计		9500		15500		2900		

会计：　　复核：　　制表：

业务20 本月固定资产折旧费情况如下；

固定资产折旧费计算表

2007年12月

项目	一车间	二车间	机修车间	行政管理
折旧费	20000	15000	20000	10000

会计：　　复核：　　制表：

业务21 将本月辅助生产机修车间的制造费用全部登记入账后转入辅助生产成本账户。

辅助生产机修车间制造费用分配表

2007年12月　　单位:元

应借科目	金额
辅助生产成本—机修车间	

会计：　　复核：　　制表：

业务 22

机修车间本月提供机修服务发生的机修工时为 3000 小时，其中为一车间提供 1400 小时，为二车间提供 1500 小时，为行政管理提供 100 小时。（分配率保留两位小数）

辅助生产费用分配表

2007 年 12 月　　　　单位：元

辅助生产部门名称			机修车间	合计
待分配费用				
供应辅助生产部门以外的劳务量			3000	
费用分配率（单位成本）				
应借科目	制造费用——一车间	耗用数量（小时）	1400	
		分配金额		
	制造费用——二车间	耗用数量（小时）	1500	
		分配金额		
	管理费用	耗用数量（小时）	100	
		分配金额		
分配金额合计				

会计：　　　　复核：　　　　制表：

业务 23　将一车间的制造费用全部登记入账，再按该车间生产半成品的工时比例分配。（分配率保留两位小数）

一车间制造费用分配表

2007 年 12 月　　　　单位：元

应借科目		生产工时（小时）	分配率	金额
生产成本	101#半成品	3000		
	102#半成品	2000		
合计				

会计：　　　　复核：　　　　制表：

业务 24　将二车间的制造费用全部登记入账，再按该车间生产产品的工时比例分配。

二车间制造费用分配表

2007 年 12 月　　　　单位：元

应借科目		生产工时（小时）	分配率	金额
生产成本	101#产品	1500		
	102#产品	2500		
合计				

会计：　　　　复核：　　　　制表：

业务25 在全部业务登账的基础上,按约当产量法计算本月完工的101#半成品、102#半成品的成本。(原材料按加工进度陆续投入)

业务25-1

自制半成品成本计算表(约当产量法)

完工产品: 件

产品名称:101#半成品 2007年12月 在产品: 件完工程度50%

摘要	成本项目			合计
	直接材料	直接人工	制造费用	
月初在产品成本				
本月发生成本				
生产费用合计				
本月完工产品成本				
月末在产品成本				
本月完工产品单位成本				

会计: 复核: 制表:

业务25-2

自制半成品成本计算表(约当产量法)

完工产品: 件

产品名称:102#半成品 2007年12月 在产品: 件 完工程度:50%

摘要	成本项目			合计
	直接材料	直接人工	制造费用	
月初在产品成本				
本月发生成本				
生产费用合计				
本月完工产品成本				
月末在产品成本				
本月完工产品单位成本				

会计: 复核: 制表:

业务25-3

自制半成品入库验收单

2007年12月30日

产品名称	规格	单位	数量	单价	金额
101#半成品		件	800		
102#半成品		件	700		
合计					

会计: 复核: 保管: 制表:

业务 26　领用 101#完工半成品、102#完工半成品进入二车间继续加工。

自制半成品出库单

领料单位:二车间　　　　　　2007 年 12 月 18 日

编号	名称	单位	规格	数量	单价	金额								用途
						十	万	千	百	十	元	角	分	
	101#半成品	件	件	600										继续加工
	102#半成品	件	件	500										
合计														

三联 财会附件

会计:　　　　　　保管:　　　　　　制票:

业务 27　在全部业务登账的基础上,按约当产量法计算本月完工的 101#产品、102#产品的成本。

业务 27 – 1

生产成本计算表(约当产量法)

完工产品:件

产品名称:101#产品　　　　2007 年 12 月在产品:　　　　件 完工程度 50%

摘要	成本项目				合计
	直接材料	自制半成品	直接人工	制造费用	
月初在产品成本					
本月发生成本					
生产费用合计					
本月完工产品成本					
月末在产品成本					
本月完工产品单位成本					

会计:　　　　　　复核:　　　　　　制表:

业务 27 – 2

生产成本计算表(约当产量法)

完工产品:　件

产品名称:102#产品　　　　2007 年 12 月　　　　在产品:　件　完工程度 50%

摘要	成本项目				合计
	直接材料	自制半成品	直接人工	制造费用	
月初在产品成本					
本月发生成本					
生产费用合计					
本月完工产品成本					
月末在产品成本					
本月完工产品单位成本					

会计:　　　　　　复核:　　　　　　制表:

业务27－3

完工产品入库验收单

2007年12月30

产品名称	规格	单位	数量	单价	金额
101#产品					
102#产品					
合计					

会计：　　复核：　　保管：　　制表：

业务28　本月销售商品，款收到存行。

业务28－1

110006162　　**四川省增值税专用发票**

发　票　联　　№06581850

全国统一发票监制章 四川 国家税务总局监制

校验码　6045423652145203444　　开票日期　2007年12月31日

购货单位	名称：成都希望公司 纳税人识别号：522478652113089 地 址、电 话：35462248 开户行及账号：45002154623158				密码区	略	
货物或应税劳务名称	规格型号	单位	数量	单价		税率	税额
101#产品	101	件	400	750.00	300[illegible]	17%	51000.00
102#产品合计	102	件	250	900.00	225[illegible]		[illegible]38250
价税合计（大写）陆拾壹万肆仟贰佰伍拾元正 （小写）￥614250.00					525000.00		89250.00
销货单位	名称：德阳惠东工厂 纳税人识别号：110108601683553 地 址、电 话：8899770 开户行及账号：3000467845				备注		

第三联　记账联　销货方记账凭证

德阳惠东工厂 财务专用章

收款人：王莹　　复核：　　开票人：张新　　销货单位（章）

业务28－2

商品出库单　№071238

货物类别：产品　　2007年12月31日　　第125号

提货单位或购货方	成都希望公司	发票号码或生产号	1850	发出仓库	1#	出库日期	2007.12.31
编号	名称及规格	单位	数量	单价	金额		备注
	101#产品	件	400				
	102#产品	件	250				

第二联　会计记账

财会部门：张星　　保管部门：魏辰　　制单：魏辰

业务 28－3

<u>委托银行收款(收账通知)</u> 4

委托日期 2007 年 12 月 31 日 号码:

<table>
<tr><td rowspan="3">付款人</td><td>全 称</td><td colspan="2">成都希望公司</td><td rowspan="3">收款人</td><td>全 称</td><td colspan="11">德阳惠东工厂</td><td rowspan="7">此联收款人开户银行给收款人的收账通知</td></tr>
<tr><td>账号或地址</td><td colspan="2">45002154623158</td><td>账号</td><td colspan="11">30000467845</td></tr>
<tr><td>开户银行</td><td colspan="2">工行草市街路分理处</td><td>开户银行</td><td colspan="11">工商银行第三支行</td></tr>
<tr><td rowspan="2">托收金额</td><td colspan="4" rowspan="2">人民币(大写)陆拾壹万肆仟贰佰伍拾元正</td><td></td><td>万</td><td>千</td><td>百</td><td>十</td><td>万</td><td>千</td><td>百</td><td>十</td><td>元</td><td>角</td><td>分</td></tr>
<tr><td></td><td></td><td></td><td>¥</td><td>6</td><td>1</td><td>4</td><td>2</td><td>5</td><td>0</td><td>0</td><td>0</td></tr>
<tr><td colspan="3">附 件</td><td colspan="3">商品发运情况</td><td colspan="11">合同名称号码</td></tr>
<tr><td colspan="2">附记单证张数或册数</td><td>1</td><td colspan="3">整车托运</td><td colspan="11">0156</td></tr>
<tr><td colspan="2">备注:</td><td colspan="4">款项收妥日期年 月 日</td><td colspan="11">收款人开户银行盖章 月 日</td></tr>
</table>

（印章：工商银行德阳第三支行 2007.12.31 转讫 (5)；德阳惠东工厂 财务专用章）

业务 29 31 日计算并结转本月已经销售产品的成本。

<u>已销产品成本计算表</u>

年 月 日

品名	销售日期	销售数量	成本单价	销售成本金额
101#产品				
102#产品				
本月销售品总成本				

会计: 复核: 制表:

业务 30 31 日,计算本月应交增值税,并计提城建税和教育费附加。

业务 30－1

<u>本月应缴增值税计算表</u>

年月日

月初未交余额	本月已交税金	本月销项税额	本月进项税额	本月出口退税	本月进项税转出	本月应交增值税
合计						

会计: 复核: 制表:

业务 30－2

<u>城建税和教育费附加计算表</u>

2007 年 12 月

税费项目	本月税费计提基数	计提比例	金额
应交城建税			
应交教育费附加			
合计			

会计: 复核: 制表:

业务 31　31 日,将本月损益类账户结转到“本年利润” 账户(假定无纳税调整事项)。

损益类账户本月结转前的余额表

2007 年 12 月

科目名称	借方发生额	贷方发生额
主营业务收入		
主营业务成本		
营业税金及附加		
销售费用		
管理费用		
财务费用		
资产减值损失		
投资收益		
营业外收入		
营业外支出		

业务 32　31 日,计提本月应交所得税费用,并转入本年利润账户。

所得税计算表

2007 年 12 月 31 日

本期利润总额	所得税税率	应交所得税

会计:　　　　复核:　　　　　　　　制表:

业务 33　31 日,结转本年利润账户,并对年末利润进行分配,按 10% 提取法定盈余公积金。

利润分配计算表

年 月日

一、税后利润		
二、分配项目	分 配 比 例	分 配 金 额
1. 提取盈余公积金	10%	
三、未分配利润		

会计主管:　　　　　　复核:　　　　　　制表

业务 34　将“利润分配”账户下有关明细账余额转到“未分配利润” 明细账。

第二单元　商品流通企业会计核算综合实训

实训目的：通过对会计主体一个月的经济业务内容的模拟实训，使学生能够准确识别各项经济业务涉及到的原始凭证，根据原始凭证进行账务处理。掌握商品流通企业批零兼营企业主要业务的核算方法，掌握商业企业会计岗位的综合业务的处理。

实训环境：会计模拟实验室，配有相关原始凭证、记账凭证、实物展台等。

实训要求：1. 审核原始凭证，根据发生的经济业务填制记账凭证。

2. 按月编制科目汇总表，根据科目汇总表登记总账。

3. 对库存商品的核算，批发采用"数量进价金额核算"，零售采用"售价（含税）金额核算"。

4. 销售成本的结转，批发采用"先进先出法"结转，零售平时按"售价"结转，月末分摊已销商品进销差价，调整成本。

实训资料：

◇企业概况

企业名称：广州市华裔商业公司

法定代表人：田野

注册地址：广州市人民大街158号

注册资本：80万元

企业类型：民营商业企业

经销商品：日用百货

经营方式：批零兼营

企业组织机构：企业下设一个办公室、财务部、供应部、销售部等。

开户行：工商银行第一支行

账号：200004678

税务登记证号：20070125009

纳税人类型：一般纳税人

一般增值税税率：17%、城市维护建设税税率7%、教育费附加3%。

财务主管：赵佳　　会计：王悦　　出纳员：宋宇

审　　核：宋南　　制单：刘飞　　记账员：张晓

业务资料

一、期初余额资料

1、广州市华裔商业公司 2007 年 10 月末各总账账户余额如表 1 所示：

表 1 **广州市华裔商业公司 2007 年 10 月末各总账余额**

单位：元

总账科目	借或贷	借方余额	会计科目	借或贷	贷方余额
库存现金	借	6 000.00	应付账款	贷	69 400.00
银行存款	借	1 350 000.00	应交税费	贷	93 500.00
应收票据	借	35 100.00	短期借款	贷	500 000.00
应收账款	借	475 500.00	长期借款	贷	1 000 000.00
库存商品	借	997 500.00	实收资本	贷	1 000 000.00
商品进销差价	贷	153 500.00	资本公积	贷	95 000.00
周转材料	借	14 000.00	盈余公积	贷	63 860.00
固定资产	借	1 020 000.00	本年利润	贷	637 340.00
累计折旧	贷	285 000.00	利润分配	贷	100 500.00
无形资产	借	100 000.00			
合计		3 559 600.00	合计		3 559 600.00

2、广州市华裔商业公司 2007 年 10 月末部分账户明细账余额如下：

(1)应收账款：

①广州达利商业公司 200 000 元。(借方)

②广州友谊商场 153 000 元。(借方)

③广州一百货 122 500 元。(借方)

(2)周转材料：

① 纸箱 2 000 个，单价 2 元。

② 木箱 500 个，单价 20 元。

(3)库存商品：库存商品明细分类账余额如表 2 所示：

表 2 **库存商品明细分类账余额表**

批发数量进价金额核算				零售售价金额核算	
品名	数量	单价	金额	项目	零售金额
家乐童装	4 400	25.00	110 000	家电组	193 000
女式套装(叶牌)	3 000	56.40	169 200	针织组	73 700
好的运动服	1 600	80.00	128 000	糖烟组	39 110
毛巾被	1 000	35.00	35 000	服装组	51 400
毛巾(30×50)CM	2 000	1.40	2 800	玩具组	60 000
被罩	1 000	42.00	42 000	鞋帽组	28 000
枕巾	2 000	2.70	5 400	文化组	57 890
毛巾(13×30)CM	2 000	1.00	2 000		
合计			494 400		503 100

(4)商品进销差价明细账余额如表 3 所示：

商品进销差价明细账余额表

零售柜组	余额(贷方)
家电组	55 000
针织组	19 500
糖烟组	15 460
服装组	15 300
玩具组	25 000
鞋帽组	5 600
文化组	17 640
合计	153 500

采用分柜组商品进销差价率法,分摊本月已销商品进销差价。

(5)应付账款：

①广州贸易公司 46500 元(贷方)

②广州兴盛贸易公司 22900 元(贷方)

(6)应交税费：

应交税费明细分类账余额如表 3 所示：

表 3 **应交税费明细分类账余额表**

税种	借或贷	金额(元)
应交增值税	贷	85 000.00
城市维护建设税	贷	5 950.00
教育费附加	贷	2 550.00

(7)长期借款：

长期借款贷方余额为 1 000 000 元。

二、十一月份发生经济业务如下：

业务 1:委托银行收取的销货款。其相关原始原始凭证见业务 1：

业务 1

托收凭证(收账通知) 4

委托日期 2007 年 10 月 20 日 付款期限 2007 年 11 月 1

<table>
<tr><td colspan="2">业务类型</td><td colspan="4">委托收款(☑邮划、☐电划)</td><td colspan="13">托收承付(☐邮划、☐电划)</td></tr>
<tr><td rowspan="3">付款人</td><td>全称</td><td colspan="3">广州市达利商业公司</td><td rowspan="3">收款人</td><td>全称</td><td colspan="12">广州市华裔商业公司</td></tr>
<tr><td>账号</td><td colspan="3">2000078888</td><td>账号</td><td colspan="12">200004678</td></tr>
<tr><td>地址</td><td>广州市</td><td>开户行</td><td>工行第一支行</td><td>地址</td><td colspan="3">广州市</td><td colspan="4">开户行</td><td colspan="5">工行第一支行</td></tr>
<tr><td rowspan="2">金额</td><td colspan="6" rowspan="2">人民币(大写) 贰拾万元整</td><td>亿</td><td>千</td><td>百</td><td>十</td><td>万</td><td>千</td><td>百</td><td>十</td><td>元</td><td>角</td><td>分</td></tr>
<tr><td></td><td></td><td>¥</td><td>2</td><td>0</td><td>0</td><td>0</td><td>0</td><td>0</td><td>0</td><td>0</td></tr>
<tr><td colspan="2">款项内容</td><td colspan="2">销货款</td><td colspan="2">托收凭据名称</td><td colspan="6">增值税专用发票</td><td colspan="3">附寄单证张数</td><td colspan="4">2</td></tr>
<tr><td colspan="2">商品发运情况</td><td colspan="6"></td><td colspan="5">合同名称号码</td><td colspan="6">200711088</td></tr>
<tr><td colspan="3">备注：
复核 记账</td><td colspan="4">款项收妥日期
2007 年 11 月 1 日</td><td colspan="12">收款人开户银行签章
2007 年 11 月 1 日</td></tr>
</table>

(中国工商银行 第一支行 2007.10.20)

此联付款人开户行凭以汇款或收款人开户银行作收账通知

业务2:购进商品,验收入库(批发)。其相关原始原始凭证见业务2-1、业务2-2、业务2-3:

业务2-1

广东省增值税专用发票

发票联

开票日期:2007年11月2日

购货单位	名　　称:广州市华裔商业公司 纳税人识别号:20070125009 地 址、电 话:广州市人民大街158号 开户行及账号:工行第一支行200004678				密码区	(略)		
货物或应税劳务名称	规格型号	单位	数量	单价	金额	税率	税额	
家乐童装		套	1000	25.00	25000.00	17%	4250.00	
叶牌女装		套	500	56.40	28200.00	17%	4794.00	
合　　计					53200.00	17%	9044.00	
价税合计(大写)	⊗拾陆万贰仟贰佰肆拾肆元零角零分				¥62244.00			
销货单位	名　　称:广州利民商贸集团 纳税人识别号:2006223456 地 址、电 话:广州市开运街135号 开户行及账号:市第二支行200056789				备注			

第二联　发票联　购货方记账凭证

收款人:李军　　开票人:刘杰　　销货单位(章):

业务2-2

商业承兑汇票(卡 片)　1

出票日期(大写)　贰零零柒年壹拾壹月零贰日　　汇票号码

付款人	全 称	广州市华裔商业公司	收款人	全 称	广州利民商贸集团
	账 号	200004678		账 号	200056789
	开户银行	工行第一支行		开户银行	市第二支行
出票金额	人民币(大写)	陆万贰仟贰佰肆拾肆元整			亿 千 百 十 万 千 百 十 元 角 分 ¥ 6 2 2 4 4 0 0
汇票到期日(大写)	贰零零捌年零贰月零壹日		付款人开户行	行号	
				地址	
交易合同号码					
出票人签章			备注:		

此联承兑人留存

业务 2－3

广州市华裔商业公司

商品验收单

存放仓库:第一仓库　　　　2007 年 11 月 2 日　　　　第 001 号

供货单位:广州利民商贸集团　　收货部门:供销科							
商品编号	品名	规格	单位	应收数量	实收数量	单价	金额
	家乐童装		套	1000	1000	25.00	25000
	叶牌女装		套	500	500	56.40	28200
合 计						53200	

会计记账联

主管:赵佳　　　　审核:宋南　　　　记账员:张晓　　　　制单:刘飞

业务 3:将上月末货到未付款的商品予以冲销。

业务 3－1

广州市华裔商业公司收货单

收货单

供货单位:广州兴盛公司　　　　2007 年 11 月 4 日　　　　第 002 号

商品编号	品名	规格	单位	应收数量	实收数量	单价	金额
	枕巾		条	2000	2000	2.70	5400
	毛巾被		条	500	500	35.00	17500
	合计						22900
备注	上月未入库,款未付						

会计记账联

主管:赵佳　　　　审核:宋南　　　　记账员:张晓　　　　制单:刘飞

业务 4:销售商品收到销货款。(零售)

业务 4:销售商品收到销货款(零售)。其相关原始原始凭证见业务 4－1、业务 4－2:

业务 4－1

中国工商银行现金存款凭条

2007 年 11 月 5 日

存款人	全称	广州市华裔商业公司		
	账号	200004678	款项来源	销货款
	开户行	工行第一支行	交款人	

金额大写(币种)	百	十	万	千	百	十	元	角	分
人民币壹拾柒万伍仟伍佰元整	¥	1	7	5	5	0	0	0	0

票面	张数	金额	票面	张数	金额	
100 元	1700	170000	5 角			中国工商银行 第一支行 2007.11.05 模拟
50 元	100	5000	2 角			
20 元	10	200	1 角			
10 元	30	300	5 分			
5 元			2 分			
2 元			1 分			
合计	1840	175500	合计			复核:　　经办:

业务 4 – 2

华裔商业公司销货收款表

编号	柜 组	销售收入	柜组负责人签章	编号	柜 组	销售收入	柜组负责人签章
1	家电组	64350.00	张浩	6	鞋帽组	12870.00	陈列
2	针织组	20475.00	刘成	7	文化组	25740.00	李瑞雪
3	糖烟组	21177.00	高立华	8			田壮
4	布匹组	10998.00	汪洋				
5	玩具组	19 890.00	王思思		合计	175500.00	
备注	(1)不含税销售收入 = 175500/1.17 = 150000 元 (2)销项税额 = 150 000 × 17% = 25500 元						

主管：赵佳　　审核：宋南　　记账员：张晓　　制单：刘飞

业务 5：出差预借差旅费。其相关原始原始凭证见业务 5 – 1、业务 5 – 2：

业务 5 – 1

借款单

2007 年 11 月 5 日

借款单位：业务科		
借款理由：外出联系业务		
借　款：(大写)贰仟元整　　¥2000.00		
本单位负责人意见：　　借款人：王迪		
会计主管核批：赵佳	付款方式：支票	出纳：宋宇

业务 5 – 2

中国工商银行

现金支票存根（粤）

XⅣ 00000002

附加信息

出票日期 2007 年 11 月 5 日

收款人：王迪
金 额：¥2000.00
用 途：出差

单位主管：田野　　会计：王悦

业务6:购进商品票据到达承付货款(批发)。其相关原始凭证见业务6－1、业务6－2、业务6－3、业务6－4:

业务6－1

广州市华裔商业公司

收货单

2007年11月6日　　　　第003号

商品编号	品名	规格	单位	应收数量	实收数量	单价	金额
	里斯牌枕心	单人	个	10000	10000	15.40	154000
合计				10000	10000		154000

会计记账联

主管:赵佳　　审核:宋南　　记账员:张晓　　制单:刘飞

业务6－2

广东省增值税专用发票

全国统一发票监制章 发票联 地方税务局临制

开票日期:2007年11月6日

购货单位	名　　称:广州市华裔商业公司 纳税人识别号:20070125009 地 址、电 话:广州市人民大街158号 开户行及账号:工行第一支行200004678		密码区	(略)			
货物或应税劳务名称	规格型号	单位	数量	单价	金额	税率	税额
里斯牌枕心		个	10000	15.40	154000.00	17%	26180.00
合计					154000.00	17%	26180.00
价税合计(大写)	⊗壹拾捌万零仟壹佰捌拾零元零角零分				¥180180.00		
销货单位	名　　称:深圳市好运商贸集团 纳税人识别号:20071125006 地 址、电 话:深圳市重庆路111号 开户行及账号:工行重庆路支行300558746		备注				

第二联　发票联　购货方记账凭证

广东省深圳市好运商贸公司　发票专用章

收款人:李军　　开票人:刘杰　　销货单位(章):

业务6－3

托收凭证（付款通知） 5

业务类型	委托收款（□邮划、□电划） 托收承付（□邮划、□电划）				
付款人 全称	广州市华裔商业公司	收款人 全称	深圳市好运商贸集团		
付款人 账号	200004678	收款人 账号	10003456		
付款人 地址	广州市 开户行 工行第一支行	收款人 地址	深圳市	开户行	工行重庆路支行

金额	人民币（大写）壹拾捌万零陆佰捌拾元整	亿	千	百	十	万	千	百	十	元	角	分
				¥	1	8	0	6	8	0	0	0

款项内容	销货款及运费	托收凭据名称	增值税专用发票等	附寄单证张数	2
商品发运情况			合同名称号		

备注：

付款人开户银行收到日期 2007年11月6日

复核 记账

付款人开户银行签章 2007年11月6日

付款人注意：

1. 根据支付结算办法，上列委托收款（托收承付）款项在付款期限内未提出拒付，即视为同意付款，以此代付款通知。

2. 如需提出全部或部分拒付，应在规定期限内，将拒付理由书并附债务证明退交开户银行。

（印章：中国工商银行 第一支行 2007.11.06 模拟）

此联付收款人开户银行给付款人的按期付款通知

业务6－4

深圳市公路货运收费发票

（印章：全国统一发票监制章 发票联）

开票日期：2007年11月6日

托运单位	深圳市好运商贸集团	受理单位		受理编号	
装货地点		承运单位	深圳市运输公司	运输公司	
卸货地点				计费里程	

货物名称	件数	包装	规格	托运重量	货物等级	计费运输量 运量	计费运输量 周转量	空驶运率	费率 运价率	费率 比价率	金额 万	千	百	十	元	角	分
床盖	10000												5	0	0	0	0

包车原因		包车费率	
加减成条件		加减成	
合计金额（大写）	人民币伍佰元整	合计	¥ 5 0 0 0 0

收费单位： 收费人：张晶 复核：陈红

（印章：广东省深圳市运输公司 发票专用章）

第二联 运费收据 托运单位报销凭证

业务7:采购商品未入库(零售)。其相关原始凭证见业务7－1、业务7－2、、业务7－3:

业务7－1

广东省增值税专用发票

发票联

开票日期:2007年11月8日

购货单位	名 称:广州市华裔商业公司 纳税人识别号:20070125009 地 址、电 话:广州市人民大街158号 开户行及账号:工行第一支行200004678			密码区	(略)		
货物或应税劳务名称	规格型号	单位	数量	单价	金额	税率	税额
大虾酥糖		公斤	1000	15.00	15000 .00	17%	2550.00
水果糖		公斤	500	8.00	4000 .00	17%	680.00
合 计					19000 .00	17%	3230.00
价税合计(大写)	计拾贰万贰仟贰佰叁拾零元零角零分				¥22230.00		
销货单位	名 称:广东省梅县糖果厂 纳税人识别号:112266965407812 地 址、电 话:广东东莞文化街 开户行及账号:工行东莞支行103567068223			备注	发票专用章		

第二联 发票联 购货方记账凭证

收款人:李军　　开票人:刘杰　　销货单位(章):

业务7－2

托收凭证(付款通知)　5

委托日期2007年11月8日　付款期限2007年11月8日

业务类型	委托收款(☑邮划、□电划) 托收承付(□邮划、□电划)						
付款人	全称	广州市华裔商业公司		收款人	全称	广东梅县糖果厂	
	账号	200004678			账号	103567068223	
	地址	广东省广州市	开户行 工行广州支行		地址	广东省东莞市	开户行 工行东莞支行
金额	人民币(大写)贰万叁仟贰佰叁拾元整			亿 千 百 十 万 千 百 十 元 角 分 ¥ 2 3 2 3 0 0 0			
款项内容	销货款	托收凭据名称	增值税专用发票等		附寄单证张数	2	
商品发运情况				合同名称号码			
备注: 付款人开户银行收到日期2007年11月8日 复核　记账		中国工商银行 第一支行 2007.11.08 模拟 付款人开户银行签章 2007年11月8日		付款人注意: 1. 根据支付结算办法,上列委托收款(托收承付)款项在付款期限内未提出拒付,即视为同意付款,以此代付款通知。 2. 如需提出全部或部分拒付,应在规定期限内,将拒付理由书并附债务证明退交开户银行。			

此联付款人开户银行给付款人的按期付款通知

业务7－3

代垫运费结算单

2007年11月8日

发货单位:梅县糖果厂	备注:		
收货单位:广州华裔商业公司			
承运单位:东莞汽车运输公司	车号:5188	吨位10吨	里程:700公里
货物件数:15件	运费1000元	人民币大写:壹仟元整	

业务8:上交上月税费。其相关原始凭证见业务8:

中华人民共和国

税收通用缴款书　　　　(2007)粤国缴NO0023501

隶属关系:无

注册类型:民营商业企业 2007年11月9日 征收机关:广州市国家税务局

缴款单位		预算科目	
代码	0 8 0 0 1 0 0 0　电话 68891111	编码	300400
全称	广州市华裔商业公司	名称	一般增值税
开户银行	工商银行 广州市第一支行	级次	国家级
账号	200004678	收款国库	广州市支库

税款所属时期2007年10月1日至10月31日　　税款限缴日期2007年11月10日

品目名称	课税数量	计税金额或销售收入	税率或单位税额	已缴或扣除额	千	百	十	万	千	百	十	元	角	分
销售收入		500000.00	17%					8	5	0	0	0	0	0
金额合计(大写)⊗佰⊗拾捌万 伍仟零佰零拾零元零角零分							¥	8	5	0	0	0	0	0

收款人单位(章章) 填票人(章)	税务机关(盖章) 填票人(章) 中国工商银行 第一支行 2007.11.10 模拟	上列款项已收妥并划转收款单位账户 国库(银行)盖章　年　月　日

第一联　缴款单位做完税凭证

业务 8

电子缴库专用缴款书　　(2007)粤地电库:NO 5012569

2007 年 11 月 9 日

已申报　申报序号:　　　　　　　　　　　　已申报

纳税人计算机代码	20070125009	征收机关代码	02036588
纳税人名称	广州市华裔商业公司	征收机关名称	广州市地方税务局
付款人名称	广州市华裔商业公司	收款国库名称	工行广州市支库
付款人开户	工行第一支行	国库清算行	中国人民银行
银行名称	中国工商银行		
付款人账户	200004678		
纳税项目代码	课税数量	计税金额	实缴税额
城市建设维护税		85 000.00	5 950.00
教育费附加		85 000.00	2 550.00
金额合计(大写):人民币捌仟伍佰元整		¥8 500.00	
单位（章） 财务专用章	税务机关（章）	银行 记账员 盖章	备注:

广州华裔商业公司　广州市第一地方税务局 税收专用章　中国工商银行 第一支行 2007.11.09 模拟

业务 9:报销差旅费,余款退回。其相关原始凭证见业务 9－1、业务 9－2:

业务 9－1

差旅费报销单

原派出单位　业务科　　　　2007 年 11 月 11 日　　　　单据张数　15 张(略)

事由:开会　　姓名:王迪　　职务:业务员　　预借款:2000 元

起止日期				起止地点	车船费	办公邮电	住勤费			途中标准	伙食补助		合计
月	日	月	日				标准	天数	金额		天数	金额	
11	6	11	10	广州—深圳	985		150	4	600		5	75	1660
合计					985				600			75	1660
人民币(大写)壹仟陆佰陆拾元整　　应退(补):340.00 元													

主管:赵佳　　审核:宋南　　记账员:张晓　　制单:刘飞

业务 9－2

收款收　据　　字第 16 号

人民币（大写）	叁佰肆拾元整	¥340.00 元

上款系业务科王迪退回预借款

现金付讫

此　致　　领收人：财会处

2007 年 11 月 11 日

业务 10：收到销售商品托收货款。其相关原始凭证见业务 10－1、业务 10－2

业务 10－1

托收凭证（收账通知）　　4

委托日期 2007 年 10 月 28 日　付款期限 2007 年 11 月 12 日

业务类型	委托收款（☑邮划、□电划）托收承付（□邮划、□电划）						
付款人	全称	广州市友谊商场		收款人	全称	广州市华裔商业公司	
	账号	200451238			账号	200004678	
	地址	广州市	开户行：中行第二支行		地址	广州市	开户行：工行第一支行
金额	人民币（大写）	壹拾伍万叁仟元整					
款项内容	销货款	托收凭据名称	增值税专用发票等	附寄单证张数	2		
商品发运情况			合同名称号码	200710015			
备注： 复核　记账		款项收妥日期 2007 年 11 月 12 日		收款人开户银行签章 2007 年 11 月 12 日			

亿	千	百	十	万	千	百	十	元	角	分
		¥	1	5	3	0	0	0	0	0

中国工商银行 第一支行 2007.11.12 模拟

此联付款人开户行凭以汇款或收款人开户银行作收账通知

业务 10－2

托收凭证（收账通知）　　4

业务类型	委托收款（☑邮划、□电划）　托收承付（□邮划、□电划）						
付款人	全称	广州市一百货		收款人	全称	广州市华裔商业公司	
	账号	200701251			账号	200004678	
	地址	广州市	开户行：工行第三支行		地址	广州市	开户行：工行第一支行
金额	人民币（大写）	壹拾贰万贰仟伍佰元整					
款项内容	销货款	托收凭据名称	增值税专用发票	附寄单证张数	2		
商品发运情况			合同名称号码	200710015			
备注： 复核　记账		款项收妥日期 2007 年 11 月 12 日		收款人开户银行签章 2007 年 11 月 12 日			

亿	千	百	十	万	千	百	十	元	角	分
		¥	1	2	2	5	0	0	0	0

中国工商银行 第一支行 2007.11.12 模拟

此联付款人开户行凭以汇款或收款人开户银行作收账通知

业务 11:分期收款方式销售商品(批发),合同的约定的销售价格分别为:家乐童装 160 000 元,叶牌女装 190 000 元,总计 350000 元。分五次于每年 12 月 31 日等额收取货款。在现销方式下,家乐童装、叶牌女装的销售价格分别为 120 000 元、150 000 元,总计 270000 元。假定该公司发出商品时开出增值税专用发票,并办妥收取增值税款的托收手续。其相关原始凭证见业务 11-1、业务 11-2、业务 11-3、业务 11-4:

业务 11-1

广东省增值税专用发票

发票联

开票日期:2007 年 11 月 8 日

购货单位	名　　称:广州亚都商场 纳税人识别号:20010023568 地 址、电 话:广州福寿路 123 号 开户行及账号:工行第三支行 20048723			密码区	(略)		
货物或应税劳务名称	规格型号	单位	数量	单价	金额	税率	税额
家乐童装		套	4000	40.00	160000.00	17%	27200.00
叶牌女装		套	2500	76.00	190000.00	17%	32300.00
合　　计					350000.00	17%	59500.00
价税合计(大写)	肆拾零万玖仟伍佰零拾零元零角零分				¥409500.00		
销货单位	名　　称:广州市华裔商业公司 纳税人识别号:20070125009 地 址、电 话:广州市人民大街 158 号 开户行及账号:工行第一支行 200004678			备注			

第二联 发票联 购货方记账凭证

收款人:李军　　　　开票人:刘杰　　　　销货单位(章):

业务 11-2

托收凭证(回单联)

开票日期:2007 年 11 月 8 日

业务类型	托收承付(£ 邮划、R 电划)						
付款人	全称	广州市亚都商场		收款人	全称	广州市华裔商业公司	
	账号	20048723			账号	200004678	
	地 址	广州市	开户行：工行第三支行		地址	广州市	开户行：工行第一支行
金额	人民币(大写) 陆万零伍佰元整			亿 万 千 百 十 元 角 分	¥ 6 0 5 0 0 0 0		
款项内容	增值税款及垫付运费	托收凭据名称	增值税专用发票等		附寄单证张数	3	
商品发运情况				合同名称号码			
备注: 复核　　记账		上列款项已划回收入你方账户内。 收款人开户银行签章 年 月 日					

中国工商银行 第一支行 2007.11.1 模拟

此联付收款人开户银行给付款人的按期付款通知

业务 11 -3

分期收款销售发出商品出库单

购货单位:广州亚都商场　　2007 年 11 月 14 日

商品名称及规格	单位	数量	单位成本	金额								
				百	十	万	千	百	十	元	角	分
家乐童装	套	4000										
叶牌女装	套	2500										
合 计												

主管:赵佳　　审核:宋南　　记账员:张晓　　制单:刘飞

业务 11 -4

中国工商银行
转账支票存根 粤
XⅣ 00000004
附加信息
出票日期 2007 年 11 月 14 日

收款人:	广州博祥运输公司
金　额:	¥1000.00
用　途:	运费

单位主管:田野　　会计:王悦

业务 12:

本月 8 日购买的商品运到验收入库(售价核算)。其相关原始凭证见业务 12 -1、业务 12 -2、业务 12 -3:

业务 12 -1

广州市华裔商业公司收货单

2007 年 11 月 15 日　　第 004 号

供货单位:梅县糖果厂				收货部门:糖烟组			
商品编号	品名	规格	单位	应收数量	实收数量	零售单价	金额
	大虾酥糖		公斤	1000	1000	20.00	20 000
	水果糖		公斤	500	503	12.00	6 036
	合 计						26 036

会计记账联

主管:赵佳　　审核:宋南　　记账员:张晓　　制单:刘飞

业务 12－2

梅县糖果厂发货单

2007 年 11 月 15 日　　　　第 5699 号

购货单位:华裔商业公司			发货仓库:一仓库				
商品编号	品名	规格	单位	数量	出厂价	金额	零售价
	大虾酥糖		公斤	1000	15.00	15 000	
	水果糖		公斤	500	8.00	4 000	
合计						19 000	
金额大写:人民币壹万玖仟元整							

会计记账联

主管: 赵佳　　审核:宋南　　记账员:张晓　　制单:刘飞

业务 12－3

商品溢余亏损单

实物负责人:高立华　2007 年 11 月 15 日

填报单位:糖烟组

商品编号	品名	规格	单位	应收数量	实收数量	溢余、短少数量	单价	升溢金额	损失金额
	水果糖		公斤	500	503	+3	12.00	36.00	
溢损原因	属自然升溢				填报单位负责人意见				
主任批示			财会意见			业务意见			

主管: 赵佳　　审核:宋南　　记账员:张晓　　制单:刘飞

业务 13:提现金发放工资。其相关原始凭证见业务 13－1、业务 13－2:

业务 13－1

工资结算汇总表

单位:广州市华裔商业公司　　2007 年 11 月　　单位:元

人员类别	应付工资					代扣款项			实发工资
	标准工资	各种奖金	各种津贴	缺勤扣款	合计	房租	水电费	个人所得税	
经营人员	55 000	16 500	4 500		76 000	1 600	1 100	875	72 425
管理人员	30 000	7 500	2 000	100	39 400	1 000	400	425	37 575
小计	85 000	17 250	6 500	100	115 400	2 600	1 500	1 300	110 000

主管: 赵佳　　审核:宋南　　记账员:张晓　　制单:刘飞

业务 13－2

中国工商银行
现金支票存根

XⅥ00000005

附加信息

签发日期 2007 年 11 月 16 日

收款人:	广州市华裔商业公司
金　额:	￥110 000
用　途:	备发工资

单位主管:田野　　会计:王悦

业务 14:职工薪酬分配并按工资总额的 10%、12%、2%、10%、5%、2%、1.5%计提职工医疗保险费、养老保险费、失业保险费和住房公积金、职工福利费、工会经费、职工教育经费。其相关原始凭证。

业务 14

应付职工薪酬分配计提汇总表

2007 年 11 月　　单位:元

人员	应付工资	社会保险费		公积金		福利费		工会经费		教育经费		薪酬合计
		比率	金额	比率	金额	比率	金额	比率	金额	比率	金额	
经营人员	50000	24%	12000	10%	5000	5%	2500	2%	1000	1.5%	750	71250
管理人员	39400	24%	9456	10%	3940	5%	1970	2%	788	1.5%	591	56145
合计	89400		21456		8940		4470		1788		1341	127395

主管: 赵佳　　审核:宋南　　记账员:张晓　　制单:刘飞

业务15：支付电视台广告费。其相关原始凭证见业务15－1、业务15－2：

业务15－1

广播电视报刊广告收费发票

2007年11月17日　　　　编号

客户名称	广州市华裔商业公司	收费细目				金额						
		项目	数量	单位	单价	万	千	百	十	元	角	分
广告内容	产品销售	广告费	150	次	300	4	5	0	0	0	0	0
播刊次数	150	制作费				1	1	0	0	0	0	0
刊播日期	2007年20日－31日	代收绘业务费					9	0	0	0	0	0
备注	要求在黄金时间每日两次播放	套色费	（加收广告费的）									
总金额（大写）：人民币陆万伍仟元整						6	5	0	0	0	0	0

第二联交付款单位

收款单位：　　　电视台（章）　　　记账 马季　　　收款人 王刚

业务15－2

中国工商银行
转账支票存根　粤
XⅥ00000008
附加信息

签发日期 2007年11月17日

收款人：市电视台
金　额：¥65000.00
用　途：付广告费

单位主管：田野　　会计：王悦

业务16：购买办公用用品。其相关原始凭证见业务16－1、业务16－2：

业务16－1

广东省增值税专用发票

No.0226914

购货单位（人）：广州市华裔商业公司　2007年11月17日

货号	品名及规格	单位	数量	单价	金额						
					万	千	百	十	元	角	分
	工作手册	本	200	5.00		1	0	0	0	0	0
	打印纸	支	200				2	0	0	0	0
合计金额（大写）	人民币壹仟贰佰元整				¥	1	2	0	0	0	0
结算方式	转账	开户银行及账号	工行第一支行200004678								

②报销凭证

销货单位（盖章有效）　　收款人：李军　　开票人：刘杰

业务 16－2

中国工商银行 转账支票存根(粤) XⅣ 00000009 附加信息
出票日期　2007 年 11 月 17 日
收款人:广州百货商店
金　额:¥1200.00
用　途:购办公用品
单位主管:田野　　会计:王悦

业务 17:接银行转来“特种转账传票”偿还借款。其相关原始凭证见业务 17:

业务 17

代银行转账传票 代银行支款通知 代银行收款通知	特种转账传票　　字第___号 报单号码:___												
付款行	行号	转账	2007 年 11 月 18 日		转账	2007 年 11 月 18 日							
	行名	工行一支行			中国工商银行 行号第一支行　中国工商银行 2007.11.18 模拟								
付款单位	全称	广州市华裔商业公司		收款单位	全称	工行第一支行							
	账号	200004678			账号	200012244							
人民币 (大写)壹佰万元整			亿	千	百	十	万	千	百	十	元	角	分
				¥	1	0	0	3	0	0	0	0	0
原凭证金额	¥ ______	赔偿金	¥ ______	会计分录	(收)________ ¥ ________ (收)________________ (付)________ ¥ ______ (付)________ ¥ ______								
原凭证名称		号码											
转账原因	归还长期借款本息(利息 3000 元)												

附件　张

银行公章:　　　　复核　尹青　　　　记账　陈露

实训 18　销售商品尚未收到价款(批发)。其相关原始凭证见业务 18 - 1、业务 18 - 2、业务 18 - 3:

业务 18 - 1 销售商品款未收(批发)

广东省增值税专用发票

记账联

开票日期:2007 年 11 月 19 日

购货单位	名　　称:广州市万隆商场 纳税人识别号:20061356 地 址、电 话:天津市桂林路 12 号 开户行及账号:中行二支行 0006478243	密码区	(略)

货物或应税劳务名称	规格型号	单位	数量	单价	金额	税率	税额
好的运动服		套	1600	150.00	240000.00	17%	40800.00
毛巾被		条	800	60.00	48000.00	17%	8160.00
毛巾(30×50)		条	1500	2.40	3600.00	17%	612.00
合　　计					291600.00		49572.00
价税合计(大写)	叁拾肆万壹仟壹佰柒拾贰元零角零分 ¥341172.00						

销货单位	名　　称:广州市华裔商业公司 纳税人识别号:20070125009 地 址、电 话:广州市人民大街 158 号 开户行及账号:工行第一支行 200004678	备注	

第四联　记账联　销货方记账凭证

收款人:李军　　　开票人:刘杰　　　销货单位(章):

业务 18 - 2

广州市华裔商业公司出库单

2007 年 11 月 19 日　　　第 009 号

购货单位:广州市万隆商场					仓库:第一仓库			
商品编号	品 名	规格	单位	数量	进价	金额	零售价	金额
	好的运动服		套	1600				
	毛巾被		条	800				
	毛巾(30×50)		条					
合　　计								
金额大写:壹拾伍万捌仟壹佰元整								

会计记账联

主管:赵佳　　　审核:宋南　　　记账员:张晓　　　制单:刘飞

业务19:购进商品款末付(零售)。其相关原始凭证见业务19－1、业务19－2、业务19－3:

业务19－1

广东省增值税专用发票

发票联

全国统一发票监制章 广东省地方税务局监制

开票日期:2007年11月20日

购货单位	名　　称:广州市华裔商业公司 纳税人识别号:20070125009 地 址、电 话:广州市人民大街158号 开户行及账号:工行第一支行200004678			密码区	(略)		
货物或应税劳务名称	规格型号	单位	数量	单价	金额	税率	税额
计算器		个	2000	16.00	32000.00	17%	5440.00
羽毛球拍		支	3000	8.50	25500.00	17%	4335.00
合　计					57500.00		9775.00
价税合计(大写)	⊗拾陆万柒仟贰佰柒拾伍元零角零分　¥67275.00						
销货单位	名　　称:广东省深圳兴盛针织厂 纳税人识别号:220103789612 地 址、电 话:广东省深圳市 开户行及账号:103241368778			备注			

第二联 发票联 购货方记账凭证

广东省深圳兴盛针织厂 发票专用章

收款人:李军　　开票人:刘杰　　销货单位(章):

业务19－2

铁路局货票(收据联)

2007年11月20日

发站	深圳	到站	广州
发货人	兴盛针织厂		广州市华裔商业公司
货物名称	计算器、羽毛球拍	件数	2件
重量		运费金额	800.00
合计	人民币捌佰元整		800.00

广东省深圳市铁路局 发票专用章

现金付讫

发运站(章):　　经办人:李香

广州市华裔商业公司

收 货 单

2007 年 11 月 20 日　　　　第 004 号

商品编号	品名	规格	单位	应收数量	实收数量	进价	零售单价	零售金额
	卡西欧计算器		个	2000	2000	16.00	30.00	60000
	棒棒羽毛球拍		支	3000	3000	8.50	15.00	45000
合计								105000

会计记账联

主管：赵佳　　审核：宋南　　记账员：张晓　　制单：刘飞

业务 20：销售商品收到价款（零售）。其相关原始凭证见业务 20－1、业务 20－2、业务业务 20－3、20－4：

业务 20－1

华裔商业公司零售销货收款表

2007 年 11 月 21 日

编号	柜 组	销售收入	柜组负责人签章	编号	柜 组	销售收入	柜组负责人签章
1	家电组			6	鞋帽组		
2	针织组	4 680.00	刘成	7	文化组	5 850.00	李瑞雪
3	糖烟组	2 340.00	高立华	8	化妆组		
4	布匹组						
5	玩具组				合计	12 870.00	
备注	（1）不含税销售收入＝12 870/1.17＝11 000 元 （2）销项税额＝11 000×17%＝1 870 元						

主管：赵佳　　审核：宋南　　记账员：张晓　　制单：刘飞

业务 20－2

广州市华裔商业公司

出 库 单

2007 年 11 月 21 日　　　　第 010 号

购货单位：广州市吉达公司　　仓库：第二仓库

商品编号	品 名	规格	单位	数量	进价	金额	零售单价	金额
	巧克力糖		公斤	100			23.40	2 340.00
	计算器		个	100			58.50	5 850.00
	毛巾被		条	100			46.80	4 680.00
合 计								12 870.00
金额大写：壹万贰仟捌佰柒拾元整								

会计记账联

主管：赵佳　　审核：宋南　　记账员：张晓　　制单：刘飞

业务 20－3

广东省增值税专用发票

全国统一发票监制章 发票联 广东 地方税务局监制

开票日期:2007 年 11 月 21 日

购货单位	名　称:广州市吉达公司	密码区	（略）
	纳税人识别号:123403789666		
	地 址、电 话:广东省广州市		
	开户行及账号:中行二支行 1000347824		

货物或应税劳务名称	规格型号	单位	数量	单价	金额	税率	税额
计算器		个	100	50.00	5000.00	17%	850.00
毛巾被		条	100	40.00	4000.00	17%	680.00
巧克力糖		公斤	100	20.00	2000.00	17%	340.00
合 计					11000.00	17%	1870.00
价税合计（大写）	⊗拾壹万贰仟捌佰柒拾零元零角零分				￥12870.00		

销货单位	名 称:广州市华裔商业公司	备注	
	纳税人识别号:200701250009		
	地 址、电 话:广州市人民大街 158 号		
	开户行及账号:工行第一支行 200004678		

广州市华裔商业公司 发票专用章

第三联 记账联 销货方记账凭证

业务 20－4

中国工商银行进账单（收账通知） 3

2007 年 11 月 21 日

出票人	全 称	广州吉达公司	收款人	全 称	广州市华裔商业公司
	账 号	1000347824		账 号	200004678
	开户银行	中行二支行		开户银行	工行一支行

金额	人民币（大写） 壹万贰仟捌佰柒拾元整	亿	千	百	十	万	千	百	十	元	角	分
					￥	1	2	8	7	0	0	0

票据种类	支票	票据张数	1	中国工商银行 第一支行 2007.11.21 模拟 收款人开户银行签章
票据号码	06			
复核　记账				

此联是收款人开户银行交给收款人的收账通知

收款人:李军　　开票人:刘杰　　销货单位（章）:

业务21：支付招待费。其原始凭证见业务21－1、业务21－2：

业务21－1

广东省广州市饮食业统一发票

发　票　联

客户名称：广州市华裔商业公司　　2007年11月22日　　地税（2007）第二版（3）

经营项目	单位	数量	单价	金额						
				万	千	百	十	元	角	分
餐费					1	2	3	8	0	0
合计金额（大写）	人民币壹仟贰佰叁拾捌元零角零分			¥	1	2	3	8	0	0

现金付讫

收款单位（盖章有效）　　收款人：王斌　　开票人：刘琳

业务21－2

支出报销单

公司：广州市华裔商业公司　部门：办公室　申请人：　　日期：2007.11.22　附件：1张

日期	内容	费用项目	金额	备注
2007.11.22	餐费	业务招待费	1238.00	
合计			1238.00	
支出总额：　拾？万 壹仟贰佰叁拾捌元零角零分　　¥：1238.00				
总经理	财务部 核准 赵佳	财务部 审核 宋南	部门主管 王勇	领款人签字 张强
备注				

业务22：支付电话费。其原始凭证见业务22－1、业务22－2：

业务22－1

特约委托收款凭证（付款通知）

2007年11月23日

付款人	全称	广州市华裔商业公司		收款人	全称	广州市邮电局	
	账号	200004678			账号	10000011	
	地址	广州市	开户行		地址	广州市	开户行 工行二支行
金额	人民币（大写）贰仟伍佰玖拾陆元叁角捌分					¥2596.38	
款项内容	电话费	合同编号		银行盖章			

（金额栏：亿 千 百 十 万 千 百 十 元 角 分 —— ¥ 2 5 9 6 3 8）

中国工商银行 第　支行 2007.11.23 模拟

此联付款人开户银行给付款人付款通知

业务 22 - 2

天津电信业专用发票

全国统一发票监制章 发票联 天津市 地方税务局监制

2007 年 11 月 23 日　　地税№. 1689055

用户名称	广州市华裔商业公司	电话号码	13004566678	局编账号	10090233
合计金额	人民币	贰仟伍佰玖拾陆元叁角捌分		人民币（小写）	2596.38
项目	月使用费 500.00 国内长途费 950.00 区内通话费 1146.38				

②报销凭证

天津市海河区电信公司 发票专用章

通话费周期：20071020 - 20071120　　付款方式：转账　　收款员：

业务 23：销售商品（批发）。其相关原始凭证见业务 23 - 1、业务 23 - 2、业务 23 - 3：

业务 23 - 1

中国工商银行进 账 单（收账通知）3

2007 年 11 月 24 日

出票人	全 称	广州博利综合商场	收款人	全 称	广州市华裔商业公司
	账 号	222564623		账 号	200004678
	开户银行	建行中街办事处		开户银行	工行第一支行
金额	人民币（大写） 玖万伍仟玖佰肆拾元整			亿 千 百 十 万 千 百 十 元 角 分	¥ 9 5 9 4 0 0 0
票据种类	支票	票据张数	1	收款人开户银行签章	
票据号码	205				
复核	记账				

中国工商银行 第一支行 2007.11.24 模拟

此联是收款人开户银行交给收款人的收账通知

业务 23 - 2

广州市华裔商业公司

出库单

2007 年 11 月 24 日　　第 011 号

购货单位：广州市博利综合商场　　仓库：第一仓库

商品编号	品 名	规格	单位	数量	进价	金额	零售单价	金额
	被罩		床	1000	35.00	35000.00		
	枕巾		条	2000	2.70	5400.00		
	毛巾（13×30）		条	1000	1.00	1000.00		
	合 计					41400.00		
金额大写：肆万壹仟肆佰元整								

会计记账联

主管：赵佳　　审核：宋南　　记账员：张晓　　制单：刘飞

业务 23－3

广东省增值税专用发票

全国统一发票监制章 广东 地方税务局监制

记 账 联

开票日期:2007 年 11 月 24 日

购货单位	名　　称:广州博利综合商场 纳税人识别号:20050236987 地 址、电 话:广州市中街 120 号 开户行及账号:建行中街办事处 222564623	密码区	(略)

货物或应税劳务名称	规格型号	单位	数量	单价	金额	税率	税额
被罩		床	1000	70.00	70000.00	17%	11900.00
枕巾		条	2000	5.00	10000.00	17%	1700.00
毛巾(13×30)		条	1000	2.00	2000.00	17%	340.00
合 计					82000.00	17%	13940.00
价税合计(大写)	计拾玖万伍仟玖佰肆拾零元零角零分 ￥95940.00						

销货单位	名 称:广州市华裔商业公司 纳税人识别号:20070125009 地 址、电 话:广州市人民大街 158 号 开户行及账号:工行第一支行 200004678	备注	

广州华裔商业公司 发票专用章

第四联 记账联 销货方记账凭证

收款人:　　　　复核:　　　　开票人:　　　　销货单位(章):

业务 24:预提本月借款利息。其相关原始凭证见业务 24:

业务 24

预提银行借款利息计算表

2007 年 11 月 25 日　　　　单位:元

借款种类	金 额	月利率	本月应提利息	备 注
流动资金借款	500 000	8‰	4 000	500 000×8‰=4 000

主管:赵佳　　　　审核:宋南　　　　记账员:张晓　　　　制单:刘飞

业务25：销售商品，办妥托收（零售）。其相关原始凭证见业务25－1、业务25－2、业务25－3、业务25－4：

业务25－1

华裔商业公司零售销货收款表

2007年11月21日

编号	柜组	销售收入	柜组负责人签章	编号	柜组	销售收入	柜组负责人签章
1	家电组			6	鞋帽组		
2	针织组	7 020	刘成	7	文化组	11 700.00	李瑞雪
3	糖烟组			8	化妆组		
4	服装组						
5	玩具组				合计	18 720.00	
备注	(1)不含税销售收入＝18 720/1.17＝16 000元 (2)销项税额＝16 000×17%＝2 720元						

主管：赵佳　　审核：宋南　　记账员：张晓　　制单：刘飞

业务25－2

广州市华裔商业公司

出库单

2007年11月26日　　第012号

购货单位：广州市创维集团					仓库：第二仓库			
商品编号	品名	规格	单位	数量	进价	金额	零售单价	金额
	计算器		个	200			58.50	11 700.00
	毛巾被		条	150			46.80	7 020.00
合计								18 720.00
金额大写：壹万捌仟柒佰贰拾元整								

会计记账联

主管：赵佳　　审核：宋南　　记账员：张晓　　制单：刘飞

业务25－3

中国工商银行
转账支票存根　　粤
XⅣ 00000012
附加信息
出票日期 2007年11月26日

收款人：广州市运输公司
金额：¥800.00
用途：垫付运费

单位主管：田野　　会计：王悦

业务 25－4

广东省增值税专用发票

开票日期：2007 年 11 月 21 日

<table>
<tr><td rowspan="4">购货单位</td><td colspan="4">名　　称：广州市创维集团</td><td rowspan="4">密码区</td><td colspan="3" rowspan="4">（略）</td><td rowspan="10">第三联　记账联　销货方记账凭证</td></tr>
<tr><td colspan="4">纳税人识别号：20070874110</td></tr>
<tr><td colspan="4">地 址、电 话：广东佛山市</td></tr>
<tr><td colspan="4">开户行及账号：中行佛山支行 10004558</td></tr>
<tr><td colspan="2">货物或应税劳务名称</td><td>规格型号</td><td>单位</td><td>数量</td><td>单价</td><td>金额</td><td>税率</td><td>税额</td></tr>
<tr><td colspan="2">计算器</td><td></td><td>个</td><td>200</td><td>50.00</td><td>10000.00</td><td>17%</td><td>1700.00</td></tr>
<tr><td colspan="2">毛巾被</td><td></td><td>条</td><td>150</td><td>40.00</td><td>6000.00</td><td>17%</td><td>1020.00</td></tr>
<tr><td colspan="2"></td><td></td><td></td><td></td><td></td><td></td><td></td><td></td></tr>
<tr><td colspan="2">合　计</td><td></td><td></td><td></td><td></td><td>16000.00</td><td>17%</td><td>2720.00</td></tr>
<tr><td colspan="2">价税合计（大写）</td><td colspan="5">⊗拾壹万捌仟柒佰贰拾零元零角零分</td><td colspan="2">￥18720.00</td></tr>
<tr><td rowspan="4">销货单位</td><td colspan="4">名 称：广州市华裔商业公司</td><td rowspan="4">备注</td><td colspan="4" rowspan="4"></td></tr>
<tr><td colspan="4">纳税人识别号：20070125009</td></tr>
<tr><td colspan="4">地 址、电 话：广州市人民大街 158 号</td></tr>
<tr><td colspan="4">开户行及账号：工行第一支行 200004678</td></tr>
</table>

收款人：李军　　　　开票人：刘杰　　　　销货单位（章）：

业务 25－5

委托银行收款结算凭证（回单联）　1

委托日期 2007 年 11 月 26 日

<table>
<tr><td colspan="2">业务类型</td><td colspan="5">托收承付（□邮划、☑ 电划）</td><td colspan="6"></td></tr>
<tr><td rowspan="3">付款人</td><td>全 称</td><td colspan="3">佛山市新锐商场</td><td rowspan="3">收款人</td><td>全 称</td><td colspan="5">广州市华裔商业公司</td></tr>
<tr><td>账号</td><td colspan="3">10004558</td><td>账 号</td><td colspan="5">200004678</td></tr>
<tr><td>地 址</td><td>广东省佛山市</td><td>开户行</td><td>中行佛山支行</td><td>地 址</td><td>广州市</td><td>开户行</td><td colspan="3">工行一支行</td></tr>
<tr><td>金额</td><td colspan="5">人民币（大写）　壹万玖仟伍佰贰拾元整</td><td colspan="6">亿 千 百 十 万 千 百 十 元 角 分
　 　 　 ￥ 1 9 5 2 0 0 0</td></tr>
<tr><td>款项内容</td><td colspan="2">销货款及垫付运费</td><td>托收凭据名称</td><td colspan="3">增值税专用发票等</td><td>附寄单证张数</td><td colspan="3">2</td></tr>
<tr><td colspan="2">商品发运情况</td><td colspan="5"></td><td>合同名称号码</td><td colspan="4">200711020</td></tr>
<tr><td colspan="3">备注：

复核　　记账</td><td colspan="3">上列款项已划回收入你方账户内。
收款人开户银行签章
年　月　日</td><td colspan="6">2007.11.26
模拟</td></tr>
</table>

业务 26－1

中国工商银行现金存款凭条

2007 年 11 月 25 日

存款人	全称	广州市华裔商业公司		
	账号	200004678	款项来源	销货款
	开户行	工行第一支行	交款人	

金额大写(币种)	百	十	万	千	百	十	元	角	分
人民币贰拾万叁仟伍佰捌拾元整	¥	2	0	3	5	8	0	0	0

票面	张数	金额	票面	张数	金额
100 元	2000	200000	5 角		
50 元	50	2500	2 角		
20 元	50	1000	1 角		
10 元	8	80	5 分		
			2 分		
			1 分		
合计	2108	203580	合计		

中国工商银行
第一支行
2007.11.25

复核：　　经办：

业务 26－2

华裔商业公司销货收款表

2007 年 11 月 25 日

编号	柜组	销售收入	柜组负责人签章	编号	柜组	销售收入	柜组负责人签章
1	家电组	93600	张浩	6	鞋帽组	12870.00	陈列
2	针织组	17550	刘成	7	文化组	25740.00	李瑞雪
3	糖烟组	21177.00	高立华	8			田壮
4	服装组	10998.00	汪洋				
5	玩具组	19 890.00	王思思		合计	175500.00	
备注	(1)不含税销售收入＝203580/1.17＝174000 元 (2)销项税额＝174000×17%＝29580 元						

主管：赵佳　　审核：宋南　　记账员：张晓　　制单：刘飞

业务 27：提现金备用。其相关原始凭证见业务 27：

业务 27

中国工商银行
现金支票存根
XⅣ 00000003

附加信息

出票日期　2007 年 11 月 27 日

收款人：广州市华裔商业公司
金　额：¥5000.00 元
用　途：备用

单位主管：田野　　会计：王悦

业务 28：借入三年期借款。其相关原始凭证见业务 27：

业务 28

贷款凭证（3）（收账通知）

2007 年 11 月 29 日

贷款单位	广州市华裔商业公司	种类	长期	贷款户账号	工行长春支行 000564678023									
金额	人民币（大写）贰佰万元整				千	百	十	万	千	百	十	元	角	分
					¥	2	0	0	0	0	0	0	0	0
用途	借款用于增加投资额	单位申请期限	自 2007 年 11 月 29 日至 2010 年 11 月 29 日											
		银行核定期限	自 2007 年 11 月 29 日至 2010 年 11 月 29 日											
上述贷款已核准发放贷款。 并已划入你单位账号。 年利率 8.4% 2007 年 11 月 29 日 银行签章					单位会计分录 收入 付出 复核　记账 主管　会计									

（印章：中国工商银行 第一支行 2007.11.29 模拟）

业务 29：预付购货款。其相关原始凭证见业务 28：

业务 29

工商银行信汇凭证（回单）　1

☑普通　□加急　　委托日期 2007 年 11 月 30 日

汇款人	全　称	广州市华裔商业公司	收款人	全　称	福州市大华公司											
	账　号	200004678		账　号	200355242											
	汇出地点	广东 省 广州 市/县		汇入地点	福建省 福州市/县											
汇出行名称		工行第一支行	汇入行名称		中行福州支行											
金额	人民币（大写）壹拾万元整					亿	千	百	十	万	千	百	十	元	角	分
								¥	1	0	0	0	0	0	0	0
汇出行盖章			支付密码													
			附加信息及用途： 复核　记账													

此联汇出行给汇款人的回单

（印章：中国工商银行 第一支行 2007.11.29 模拟）

业务 30:本月 4 日冲销的上月货到未付款的商品,现发票账单已到,货款仍未支付。

业务 30－1

广东省增值税专用发票

全国统一发票监制章 发票联 地方税务局监制

开票日期:2007 年 11 月 20 日

购货单位	名　　称:广州市华裔商业公司 纳税人识别号:20070125009 地 址、电 话:广州市人民大街 158 号 开户行及账号:工行第一支行 200004678	密码区	(略)

货物或应税劳务名称	规格型号	单位	数量	单价	金额	税率	税额
枕巾		条	2000	2.70	5400 .00	17%	918.00
毛巾被		条	500	35.00	17500 .00	17%	2975.00
合　　计					22900 .00	17%	389.00
价税合计(大写)	⊗拾贰万陆仟柒佰玖拾叁元零角零分				¥26793.00		

销货单位	名　　称:广东省深圳兴盛贸易批发公司 纳税人识别号:2201037896123 地 址、电 话:广东省深圳市 开户行及账号:1032413687785	备注	

第二联 发票联 购货方记账凭证

广东省深圳兴盛贸易批发公司 发票专用章

收款人:李军　　开票人:刘杰　　销货单位(章):

业务 30－2

铁路局货票(收据联)

2007 年 11 月 20 日

发站	深圳	到站	广州
发货人	兴盛批发公	收货人	广州市华裔商业公司
货物名称	枕巾、毛巾被	件数	5 件
重量		运费金额	300.00
合计	人民币:叁佰元整		300.00

广东省深圳市铁路局 发票专用章

现金收讫

发运站(章):　　经办人:李香

广州市华裔商业公司

收 货 单

2007 年 11 月 28 日　　　　第 004 号

供货单位:深圳兴盛批发公司				收货部门:批发部			
商品编号	品名	规格	单位	应收数量	实收数量	单价	金额
	枕巾		条	2000	2000	2.70	5400
	毛巾被		条	500	500	35.00	17500
	合 计						22900

会计记账联

主管:　　赵佳　　审核:宋南　　记账员:张晓　　制单:刘飞

业务31:采用分柜组进销差价率法,计算本月零售已销商品应分摊的商品进销差价,调整各零售柜组的成本。

业务31

已销商品进销差价分摊计算表

2007年11月31日

零售柜组	主营业务成本（调整前）	商品进销差价率	已销商品分摊的差价	主营业务成本（调整后）
家电组				
针织组				
糖烟组				
服装组				
玩具组				
鞋帽组				
文化组				

主管:赵佳　　审核:宋南　　记账员:张晓　　制单:刘飞

业务32:计算本月应交的税费。城市建设维护税税率为7%、教育费附加3%。

业务32

本月应交税费计算表

2007年11月31日

税目	计税依据	计税金额	税率	税额
城建税	增值税		7%	
教育费附加	增值税		3%	
合计				

主管:赵佳　　审核:宋南　　记账员:张晓　　制单:刘飞

业务33:结转损益类账户。

业务33

11月份损益类各账户本期发生额

2007年11月

单位:元

会计科目	本期发生额(借方)	会计科目	本期发生额(贷方)
主营业务成本		主营业务收入	
营业税金及附加			
管理费用			
销售费用			
财务费用			
合计		合计	

主管:赵佳　　审核:宋南　　记账员:张晓　　制单:刘飞

第三单元　餐饮旅游企业会计分岗综合模拟实训

实训目的：通过对会计主体一月内经济业务的模拟实训，使学生了解并识别各项经济业务涉及的原始凭证，熟悉旅游企业中餐饮、客房、旅游服务等主要业务的核算方法，掌握餐饮、旅游等业务的账务处理流程。

实训环境：会计模拟实验室，配有相关原始凭证、记账凭证、实物展台等。

实训要求：1. 应收账款、应付账款、预付账款、原材料、固定资产、应交税费、主营业务收入、主营业务成本等科目根据需要设置二级明细科目进行核算，个别科目可进一步设置三级明细科目进行核算。

2. 餐饮部酒水与餐费单独核算，酒水成本月底一次结转，餐费成本则通过对原材料实地盘存后进一步确认。

3. 审核原始凭证，根据发生的经济业务填制记账凭证。

4. 按月编制科目汇总表，根据科目汇总表登记总账。

5. 在总分类账的基础上编制十二月末的资产负债表和利润表。

实训资料：

◇企业概况

企业名称：徐州市东郊宾馆

法定代表人：李东升

注册地址：徐州市东环路 18 号

联系电话：85788880

注册资金：300 万元人民币

企业类型：旅游企业

经营范围：客房、餐饮、旅游服务、商品销售、美容保健等

企业组织机构：企业下设餐饮部、客房部、旅行社、管理部

纳税人登记号：320303136373957

企业代码：

税务计算机代码：国税 320300000178421

地税 0235092

开户行（基本存款户）：工商银行徐州东郊支行

账号：1106033401000282724

纳税人类型：一般纳税人

◆业务期初资料(12 月初)

东郊宾馆 12 月 1 日各总分类账户余额见下表：　　单位:元

账户名称	借方余额	贷方余额	账户名称	借方余额	贷方余额
库存现金	4 200		短期借款		60 000
银行存款	325 000		应付票据		52 600
其他货币资金	90 000		应付账款		60 000
应收票据	69 000		其他应付款		82 800
应收账款	80 000		应付职工新酬		100 000
坏账准备		4 900			
预付账款	42 000		应交税费		72 800
其他应收款	7 000				
在途物资	230 000		长期借款		500 000
原材料	350 000		长期应付款		70 000
周转材料	220 000		实收资本		3 000 000
库存商品	192 000		盈余公积		243 100
长期股权投资	350 000				
账户名称	借方余额	贷方余额	账户名称	借方余额	贷方余额
固定资产	2 075 400		未分配利润		125 000
累计折旧		424 000			
在建工程	616 000				
无形资产	130 000				
累计摊销		55 400			
长期待摊费用	70 000				
资产总计	4 850 600	484 300	权益总计		4 366 300

部分明细分类账户余额：

在途物资——浴巾	10000	应收账款——黄河公司	10000
——床单	5000	——科技公司	5000
——其他种类（略）	215000	其他单位或个人（略）	65000
库存商品——酒水	82000	原材料——肉类	3000
——餐具	50000	——粮食类	5000
——床上用品	30000	——调味品	2000
——其他种类（略）	30000	——旅行包	10000
		原材料——其他种类（略）	330000
应收票据——黑龙江某旅行社	19000	预付账款——贝丝纺织品批发部	30000
——其他单位或个人	50000	——杭州某旅行社	2000
		——其他单位或个人	10000
其他应收款——张力	2000	应付票据——梦洁床上用品有限公司	20000
——保险公司	3000	——百货站	12600
——其他单位或个人	2000	——其他单位	20000
应付账款——五星电器	20000	其他应付款——华丽装饰有限公司	30000
——胡大祥纯净水	10000	——新新清洁公司	22800
——其他单位	30000	——其他单位	30000
应付职工新酬——餐饮部	45000	应交税费——应交营业税	35000
——客房部	30000	——应交城市维护建设税	2450
——旅行社	15000	——应交教育费附加	1400
——管理部	10000	——应交费用（略）	33950

业务 1－1：

12 月 1 日，餐饮部购一次性摊销低值易耗品 80 元。（附件一张：购物发票）

江苏省徐州市商业销售发票

发票联

（全国统一发票监制章 江苏省徐州市 国家税务局监制）

132030720330

开票日期：2006 年 12 月 1 日　　No 00088959

客户名称			头税务登记代码									
品名	规格	单位	数量	单价	金额							备注
					万	千	百	十	元	角	分	
纸							¥	8	0	0	0	
	现金付讫											
金额合计（大写）	⊗万⊗仟⊗佰捌拾零元零角零分							8	0	0	0	
销售单位	（加盖财务专用章或发票专用章）	开户银行			结算方式					银行□现金□		
		账号			电话							

（徐州百大超市 320303174294591 发票专用章）

开票地址：　　开票人：王文　　收款人：

业务 2－1

12 月 3 日，办事处餐厅签单消费 3000 元。（附件 1 张：消费记账单）

东郊宾馆消费记账单

2006 年 12 月 3 日

记账单位（人）	办事处				宾客签字	李义	
收费项目	数量	单价	金额	收费项目	数量	单价	金额
餐费	5	400	2000				
洋河大曲	10	80	800				
汇源果汁	10	20	200				
合计（大写）	⊗万叁仟零佰零拾零元零角零分					¥3000.00	

收款员：高秀　　　　负责人：程民

业务 3－1

12 月 5 日，客房部“营业收入交款表”中收入为 4 000 元，其中，总台记账 1 000 元，现金结算金额为 1 000 元，信用卡金额为 2 000 元。（附件四张：营业收入交款表、发票（1 张，另两张略））

东郊宾馆营业收入交款表

部门：客房部　　　　日期　2006 年 12 月 5 日

项目 / 金额	房费								总台代收	收押金	合计
人民币	1000									1000	
信用卡	2000									2000	
转总台	1000									1000	
退还押金											
合计	4000									4000	

备注			
	发票	00758687－89	3 张
	点菜单		张
	预付单		张
	作废单		张

收款员：张露

业务3－2：

江苏省徐州市东郊宾馆发票

记账联　　发票代码232030771061

发票号码00758687

单位或姓名河北旅行社　　开票日期2006－12－5　　税务登记证号320303136373957

项目	摘要	金额	备注
住宿费		1000.00	发票专用章
合计人民币	壹仟元整	1000.00	
开户银行		账号		付款方式	转账

地址：中国徐州东环路18号　　收款人：赵景

业务4－1

12月6日，旅行社接待一老年旅行团，组团赴北京旅游，收取旅游费30 000元。（附件两张：收费发票、现金存款凭条）

江苏省徐州市通用发票

税控代码：　　发票代码：232030701011

机器代码：　　**记账联**　　发票号码：00575540

客户名称　　开票日期2006－12－6

项目	单位	数量	单价	金额	备注
旅游综合服务费	位	30	1000.00	30 000.00	
小　计				¥30 000.00	
合计人民币（大写）	叁万元整				
开票单位		开户银行	账号	所属行业	
地址					

收款人（章）　单丽　　开票人（单）：王元

业务4－2：

中国工商银行现金存款凭条

日期：2006年12月6日

存款人	全称	徐州东郊宾馆												
	账号	1106033401000282724	款项来源	营业收入										
	开户行	工商东郊支行	交款人	单丽										
金额（大写）叁万元整			金额（小写）	亿	千	百	十	万	千	百	十	元	角	分
							¥	3	0	0	0	0	0	0

现金收讫

业务5－1：

12月7日，以银行存款上交上月营业税35000元、城市维护建设税2450元、教育费附加1400元。（附件3张：税收电子缴库凭）

徐州市税收电子缴库凭证

地税　　缴款日期:2006年12月7日　　号码

缴款单位（人）	管理码	0235092	电子税票号码	0250751280
	全　称	徐州市东郊宾馆	收款国库	0202
	开户银行	工商银行	账　号	1106033401000282724
税　种			所属时期	纳税金额
营业税			2006－11－1至 2006－11－30	35000.00
金额合计		（大写）叁万伍仟元整		
经办人	工商银行	打印日期	2006－12－07	经收银行盖章

工商银行 徐州东郊支行 2006-12-10 转讫 01

业务5－2

徐州市税收电子缴库凭证

地税　　缴款日期:2006年12月7日　　号码

缴款单位（人）	管理码	0235092	电子税票号码	0250751281
	全　称	徐州市东郊宾馆	收款国库	0202
	开户银行	工商银行	账　号	1106033401000282724
税种			所属时期	纳税金额
城市维护建设税			2006－11－1至 2006－11－30	2450.00
金额合计		（大写）贰仟肆佰伍拾元整		
经办人	工商银行	打印日期	2006－12－07	经收银行盖章

工商银行 徐州东郊支行 2006-12-10 转讫 01

业务5－3：

徐州市税收电子缴库凭证

地税　　缴款日期:2006年12月7日　　号码

缴款单位（人）	管理码	0235092	电子税票号码	0250751282
	全　称	徐州市东郊宾馆	收款国库	0202
	开户银行	工商银行	账　号	1106033401000282724
税种			所属时期	纳税金额
教育费附加		2006－11－1至 2006－11－30	1400	
金额合计		（大写）壹仟肆佰元整		
经办人	工商银行	打印日期	2006－12－07	经收银行盖章

工商银行 徐州东郊支行 2006-12-10 转讫 01

业务 6－1：

12 月 8 日，以银行存款支付水费 4000 元（其中餐饮部承担 2000 元，客房部承担 1500 元，管理部门承担 250 元，旅行社承担 250 元。（附件 3 张：水费收据、付款凭证、费用分配表）

徐州市水务集团公司

供水专用收据　　　　NO. 00264578

填开日期：2006 年 12 月 7 日

用户名称	东郊宾馆				
用户地址	东环路 18 号				
上期抄度	本期抄度	用水量（T）	单价	金额	备注
8 200	9 200	1000	4.00	4 000.00	
人民币（大写）	肆仟元整				
收款单位盖章				收款人盖章	银行代缴

（印章：徐州市水务集团 财务专用章）

地址：商业街 27 号　　收费监督电话：88768903　　维修电话：88278903

业务 6－2：

委托收款凭证（支款凭证）　3

委邮　　　　委托日期 2006 年 12 月 8 日

收款人	全称	市水务集团公司	付款人	全称	东郊宾馆
	账号	5324259702005086		账号	110603340100028272 4
	开户银行	建设银行		开户银行	工商银行
委收金额	人民币（大写）	肆仟元整		十 万 千 百 十 元 角 分	¥ 4 0 0 0 0 0
款项内容	水费	委托收款凭据名称	专用收据	附寄单证张数	1
备注		收款人开户行盖章		科目（付） 对方科目（收） 转账 2006 年 12 月 8 日 复核记账	

（印章：建设银行 徐州东郊支行 2006-12-10 转讫 01）

业务 6－3：

水费分配表

2006 年 12 月　　　　单位：元

序号	部门	水费	备注
1	餐饮部	2000	
2	客房部	1500	
3	旅行社	250	
4	管理部	250	
合计		4000	

业务7－1：

12月9日，餐饮部到仓库领用10寸平盘20个，每个20.80元，共计416.00元。（附件1张：物资领料单）

物资领用单

领用部门：餐饮部　　　　2006年12月9日　　　　No. 000121

品名	规格	单位	实发数	单价	金额
平盘	10寸	个	20	20.8	416.00

会计：赵红　　　　保管员：丁平　　　　领用部门经理：　周枫

业务8－1：

12月10日，在本地商场购入厨房用烤箱一台，价值2800元，以转账支票支付。（附件2张：发票、支票存根）

江苏省徐州市商业销售发票

统一发票监制 发票联 江苏省徐州市 国家税务局监制

132030720330

开票日期：2006年12月10日　　　　No. 00088959

客户名称		税务登记代码										
品名	规格	单位	数量	单价	金额 万	千	百	十	元	角	分	备注
LG [illegible]		1	1	2800	¥	2	8	8	0	0	0	
金额合计（大写）	¢万贰仟捌佰零拾零元零角零分				¥	2	8	0	0	0	0	
销售单位（加盖财务专用章或发票专用章）	开户银行		结算方式						银行□现金□			
	账号		电话									

转帐付讫

永乐生活家电 320303245238191 发票专用章

开票地址：中山北路15号　　　　开票人：王文　　　　收款人：陈芳

业务 8－2：

中国工商银行
转账支票存根
XI08508720
附加信息

出票日期　2006 年 12 月 10 日

收款人	永乐生活家电
金　额	¥2800.00
用　途	购烤箱

单位主管：王月红　　会计：李明

业务 8－3：

材料、物料、采购验收入库单

2006 年 12 月 10 日　　单位：元

品名	规格	单位	单价	进货数量	实收		
					数量	金额	
LG 烤箱	800W	台	2800	1	1	2800	供货单位：永乐生活家电
							使用部门：餐饮部
合计金额：¢ 万 贰 仟 捌 佰 零 拾 零 元 零 角 零 分							

存放地点：餐饮部　　复核人：张晨　　验收人：薛然　　采购员：丁智

业务9－1：

12月10日，以银行存款支付酒店员工工作制服费8500元。（附件2张：发票、支票存根）

江苏省徐州市商业销售发票

全国统一发票监制章 发票联 江苏省徐州市 国家税务局监制

132030710350

开票日期：2006年12月10日　　　　N0　00047953

客户名称	东郊宾馆		税务登记代码									
品名	规格	单位	数量	单价	金额							备注
					万	千	百	十	元	角	分	
工作服		套	50	170.00	¥	8	5	0	0	0	0	
金额合计（大写）	¢万捌仟伍佰零拾零元零角零分				¥	8	5	0	0	0	0	

销售单位	加盖财务专用章（徐州青青服装 320304 156232421 发票专用章）	开户银行		结算方式	银行☐现金☐
		账号		电话	

开票地址：　　　　开票人：许龙　　　　收款人：

业务9－2：

中国工商银行

转账支票存根

XI08508721

附加信息

出票日期06年12月10日

收款人：徐州青青服装
金　额：¥8500.00
用　途：支付工服款

单位主管：王月红　　　会计：李明

业务 9－3：

材料、物料、采购验收入库单

2006 年 12 月 10 日　　　　单位：元

<table>
<tr><td rowspan="2">品 名</td><td rowspan="2">规 格</td><td rowspan="2">单位</td><td rowspan="2">单价</td><td rowspan="2">进货数量</td><td colspan="2">金 额</td><td rowspan="5">供货单位：
徐州青青服装</td></tr>
<tr><td>数量</td><td>金额</td></tr>
<tr><td>工作服</td><td></td><td>套</td><td>170.00</td><td>50</td><td>50</td><td>8500.00</td></tr>
<tr><td></td><td></td><td></td><td></td><td></td><td></td><td></td></tr>
<tr><td></td><td></td><td></td><td></td><td></td><td></td><td></td></tr>
<tr><td></td><td></td><td></td><td></td><td></td><td></td><td></td><td rowspan="5">使用部门：
客房部</td></tr>
<tr><td></td><td></td><td></td><td></td><td></td><td></td><td></td></tr>
<tr><td></td><td></td><td></td><td></td><td></td><td></td><td></td></tr>
<tr><td></td><td></td><td></td><td></td><td></td><td></td><td></td></tr>
<tr><td colspan="7">合 计 金 额：¢ 万 捌 仟 伍 佰 零 拾 零 元 零 角 零 分</td></tr>
</table>

存放地点：客房部　　复核人：张晨　　验收人：薛然　　采购员：丁智

业务 10－1：12 月 12 日，老年旅行团安全返回。本次旅游其具体费用项目有房费 10000 元，餐费 10800 元，陪同费 200 元，交通费 3500 元，门票费 800 元，共计 25300 元。（附件一张：旅行团费用结算单，原始单证略）

旅 行 团 费 用 结 算 单

组团社：东郊宾馆旅行社

<table>
<tr><td>时 间</td><td>2006.12.8—12.11</td><td>人数</td><td colspan="2">30 人</td></tr>
<tr><td>游 线</td><td colspan="4">北京，故宫、长城四日游</td></tr>
<tr><td>项 目</td><td colspan="3">结　　算</td><td>费用小计</td></tr>
<tr><td>综 费</td><td colspan="3">房费 10000＋餐费 10800＋陪同费 200＋交通费 3500＋门票 800＝25300 元</td><td>25300 元</td></tr>
<tr><td>总 数</td><td colspan="3">25300 元</td><td>25300 元</td></tr>
<tr><td>账 号</td><td colspan="4">户名：赵光伟
账号：95599 2530 83659 49001
开户行：农行</td></tr>
</table>

业务 11－1：东郊宾馆 12 月 15 日收到河北旅游团预定客房定金 1800 元，客人 18 日入住至 21 日。（附件一张：汇款单）

中国银行电汇凭证（回 单）

□普通　□加急　　委托日期 2006 年 12 月 15 日

<table>
<tr><td rowspan="3">汇款人</td><td>全 称</td><td>河北旅行社</td><td rowspan="3">收款人</td><td>全 称</td><td colspan="11">徐州市东郊宾馆</td></tr>
<tr><td>账 号</td><td>1020148723605028350</td><td>账 号</td><td colspan="11">1106033401000282724</td></tr>
<tr><td>汇 出
地 点</td><td>河北省 石家庄市/县</td><td>汇 入
地 点</td><td colspan="11">江苏 省 徐州市/县</td></tr>
<tr><td colspan="2">汇出行名称</td><td>中行建国路支行</td><td colspan="2">汇入行名称</td><td colspan="11">工行东郊支行</td></tr>
<tr><td rowspan="2">金额</td><td colspan="4" rowspan="2">人 民 币 壹仟捌佰元整
（大写）</td><td>十</td><td>亿</td><td>千</td><td>百</td><td>十</td><td>万</td><td>千</td><td>百</td><td>十</td><td>元</td><td>角</td><td>分</td></tr>
<tr><td></td><td></td><td></td><td></td><td></td><td>¥</td><td>1</td><td>8</td><td>0</td><td>0</td><td>0</td><td>0</td></tr>
<tr><td colspan="3" rowspan="2"></td><td>支付
密码</td><td colspan="12"></td></tr>
<tr><td colspan="13">附加信息及用途：预定客房</td></tr>
</table>

业务 12－1：

12 月 13 日，上月购入客房用浴巾 1 000 条，单价 10 元，发票金额 10 000 元，已验收入库。（附件 1 张：收料单）

材料、物料、采购验收入库单

2006 年 12 月 13 日　　　　单位：元

品名	规格	单位	单价	进货数量	金额		
					数量	金额	
浴巾	100×60	条	10.00	1000	1000	10000.00	供货单位：浮日集团
							使用部门：客房部
合计金额：壹万零仟零佰零拾零元零角零分							

存放地点：客房部　　复核人：张晨　　验收人：薛然　　采购员：丁智

业务 13－1：

12 月 13 日，银行通知，黄河公司欠会议费用款 10 000 元已收到。（附件 1 张：汇款单）

中国建设银行

Chian Construction Bank

电子转账凭证

币别：人民币　　委托日期 2006 年 12 月 13 日　凭证编号 320000801k210001038

汇款人	全称	徐州市黄河公司	收款人	全称	徐州市东郊宾馆
	账号	1106033401000282724		账号	32001711436050283500
	汇出地点	江苏省 徐州市/县		汇入地点	江苏 省 徐州市/县
汇出行名称		建行商业街支行	汇入行名称		工行东郊支行

金额		十	亿	千	百	十	万	千	百	十	元	角	分
	（大写）人民币壹万元整					¥	1	0	0	0	0	0	0

附加信息及用途：会议费用	支付密码	

业务 14－1：

12 月 16 日，以现金支付汽车修理费 200 元。（附件 1 张：费用发票）

江苏省徐州市服务业统一发票

发票联

客户：东郊宾馆 2006 年 12 月 16 日

项目	摘要	单位	数量	金额	万	千	百	十	元	角	分
							2	0	0	0	0
合计人民币（大写）贰佰元整						¥	2	0	0	0	0

收款：李民 开票：刘坛 开票单位章

现金付讫

业务 15－1：

12 月 17 日，开出现金支票一张，提取现金 100 000 元，准备发放工资。（附件 1 张：支票存根）

中国工商银行

现金支票存根

XII0735841

附加信息

出票日期 06 年 12 月 17 日

收款人：	
金　额：	¥100000.00
用　途：	提现备发工资

单位主管：王月红 会计：李明

业务 16－1：12 月 20 日，旅行社接一个旅游团赴苏州旅游，收取现金 15 000 元。（附件 2 张）

江苏省徐州市通用发票

记账联

税控代码： 发票代码：232030701011

机器代码： 发票号码：00575541

客户名称： 开票日期 2006－12－20

项目	单位	数量	单价	金额	备注
旅游综合服务费	位	20	750.00	15 000.00	
小计				¥15 000.00	
合计人民币（大写）	壹万伍仟元整				

开票单位		开户银行	账号	所属行业
地址				

收款人（章）：单丽 开票人（单）：

业务 16－2：

中国工商银行现金存款凭条

日期：2006 年 12 月 20 日

<table>
<tr><td rowspan="3">存款人</td><td>全 称</td><td colspan="13">徐州东郊宾馆</td></tr>
<tr><td>账 号</td><td>1106033401000282724</td><td>款项来源</td><td colspan="11">营业收入</td></tr>
<tr><td>开户行</td><td>工商东郊支行</td><td>交款人</td><td colspan="11">单丽 现金收讫</td></tr>
<tr><td colspan="2">金额（大写）壹万伍仟元整</td><td colspan="2">金额（小写）</td><td>亿</td><td>千</td><td>百</td><td>十</td><td>万</td><td>千</td><td>百</td><td>十</td><td>元</td><td>角</td><td>分</td></tr>
<tr><td colspan="2"></td><td colspan="2"></td><td></td><td></td><td></td><td>¥</td><td>1</td><td>5</td><td>0</td><td>0</td><td>0</td><td>0</td><td>0</td></tr>
</table>

业务 17－1：

12 月 20 日，购入面粉 20 袋，每袋 70 元，已验收入库，货款尚未支付。（附件一张：收料单）

材料、物料、采购验收入库单

2006 年 12 月 20 日　　　　单位：元

<table>
<tr><td rowspan="2">品 名</td><td rowspan="2">规 格</td><td rowspan="2">单位</td><td rowspan="2">单价</td><td rowspan="2">进货数量</td><td colspan="2">金 额</td><td rowspan="4">供货单位：
华生面粉厂</td></tr>
<tr><td>数量</td><td>金额</td></tr>
<tr><td>面粉</td><td>25kg 装</td><td>袋</td><td>70.00</td><td>20</td><td>20</td><td>1400.00</td></tr>
<tr><td></td><td></td><td></td><td></td><td></td><td></td><td></td></tr>
<tr><td colspan="7">合 计 金 额：¢ 万 壹 仟 肆 佰 零 拾 零 元 零 角 零 分</td><td></td></tr>
</table>

存放地点：餐饮部　　复核人：张晨　　验收人：薛然　　采购员：丁智

业务 18－1：

12 月 22 日，河北旅游团离店，结算时补交 2000 元房费。（附件 1 张：收费发票）

江苏省徐市东郊宾馆发票

记 账 联　　　　发票代码 232030771061

发票号码 00757987

单位或姓名河北旅行社　　开票日期 2006－12－22　税务登记证号 320303136373957

<table>
<tr><td colspan="2">项 目</td><td>摘 要</td><td colspan="2">金 额</td><td colspan="2">备 注</td></tr>
<tr><td colspan="2">住宿费</td><td></td><td colspan="2">3800</td><td colspan="2" rowspan="2">发票专用章</td></tr>
<tr><td colspan="2">合计人民币</td><td>叁仟捌佰元整</td><td colspan="2">3800</td></tr>
<tr><td>开户银行</td><td colspan="2"></td><td>账号</td><td></td><td>付款方式</td><td>转账</td></tr>
</table>

地址：中国徐州东环路 18 号　　　　收款人：赵景

业务 18－2：

中国工商银行现金存款凭条

日期:2006 年 12 月 20 日

存款人	全 称	徐州东郊宾馆												
	账 号	1106033401000282723	款项来源	营业收入										
	开户行	工商东郊支行	[illegible]	单丽										
金额(大写)贰仟元整			金额(小写)	亿	千	百	十	万	千	百	十	元	角	分
								¥	2	0	0	0	0	0

现金收讫

业务 19－1:12 月 24 日,组团赴苏州,拨付苏州水乡旅行社 8 000 元(附件 1 张:电汇凭证)。

中国工商银行电　汇　凭　证　(回单)

☐ 普通　☐加急　　委托日期 2006 年 12 月 24 日

汇款人	全 称	徐州东郊宾馆	收款人	全 称	苏州水乡旅行社											
	账 号	1106033401000282724		账 号	861－01－00305－0177－88											
	汇出地点	江苏省 徐州市/县		汇入地点	江苏 省 苏州市/县											
汇出行名称		工行东郊支行	汇入行名称		中国光大银行苏州支行劳营业部											
金额		人 民 币 捌仟元整 (大写)				十	亿	千	百	十	万	千	百	十	元	角	分
											¥	8	0	0	0	0	0
汇出行签章			支付密码													
			附加信息及用途:预付旅游费 复核　　记账													

12 月 26 日,计提本月固定资产折旧 5 000 元。(附件 1 张:固定资产折旧计算表)

固定资产折旧计算表　　单位:元

使用部门		原值	月折旧率	折旧额	部门小计
餐饮部	房屋	120000	0.5%	600	1800
	设备	60000	2%	1200	
客房部	房屋	240000	0.5%	1200	2200
	设备	50000	2%	1000	
旅行社	房屋	70000	0.5%	350	550
	设备	10000	2%	200	
管理部	房屋	50000	0.5%	250	450
	设备	10000	2%	200	
合计		610000		5000	5000

业务 21 - 1:

12 月 27 日,苏州旅行团安全返回,本次共发生各项房费 3000 元,餐费 2000 元,门票费 2000 元,小吃费用累计 1000 元,游乐费 2000 元,合计 10000 元。(附件一张:旅行社费用结算单;原始单据略)

旅行团费用结算单

组团社:东郊宾馆旅行社

时 间	2006.12.24—12.26	人数	20 人
游 线	苏州、周庄三日游		
项 目	结　　算		费用小计
综 费	房费 3000 + 餐费 2000 + 门票 2000 + 小吃 1000 + 游乐费 2000 =10000 元		10000 元
团费总金额	小写金额:10000 元 - 已付 8000 元 = 2000 元		
账 号	以上内容核对如无疑议请速汇款,如有问题及时来电 051285556533 中国光大银行苏州支行营业部 861 - 01 - 00305 - 0177 - 88		

业务 22 - 1:

12 月 28 日,支付游客到苏州的租车费 2 000 元(附件一张:租车费收据)。

江苏省徐州市服务业通用发票

发 票 联

客户:东郊宾馆旅行社　　　　2006 年 12 月 28 日

项目	摘要	单位	数量	金额	金额						
					万	千	百	十	元	角	分
	汽车租赁费					2	0	0	0	0	0
合计人民币(大写)贰仟元整					¥	2	0	0	0	0	0

转帐付讫

徐州香山汽车有限公司 320304284145612 发票专用章

收款:李民　　　开票:张天云　　　开票单位章

业务 22－2：

中国工商银行
转账支票存根
XI08508722
附加信息

出票日期 2006 年 12 月 28 日

收款人：徐州香山汽车有限公司
金 额：¥2000.00
用 途：租车费

单位主管：王月红 会计：李明

业务 23－1：

本月下旬旅行社接待山西旅游团，取得营业收入 5000 元。本次接待共支付各项费用 4000 元。月末尚未接到组团社划拨的款项。（附件一张：旅行社费用拨款结算通知单；原始单据略）

徐州东郊宾馆旅行团费用拨款结算通知单

2007 年 12 月 31 日

TO 山西华夏	王凯	FAX		TEL	
FROM 单丽		FAX	051687793200	TEL	
组团单位		计划号	20061218－02	人数	成人 18
旅行团（者）名		国别	内宾		全陪 1 人
旅游等级	三星团	全陪姓名及性别	王佳 女		
类别	项目		单价	单位	金额
境内	房费				
	共计 1080	12 月 19 日	60	9 间	540
		12 月 20 日	60	9 间	540
	车费				
	共计 360	市内接送	180 元/天	2 天	360
	餐费				
	共计 1620	12/19 日三餐 18 人	45	18	810
		12/20 日三餐 18 人	45	18	810
	门票				940
团费总金额	小写金额：4000 元大写金额：肆仟元整				
备注	以上内容核对如无疑义请速汇款，如有问题及时来电 051685788990 工行账号 1106033401000282724				

业务 24－1：

12 月 31 日，月底水果供应商交来当月送货单，结账时以现金支票支付其 15 000 元。（附件二张：发票、支票存根）

江苏省徐州市商业企业商品批发业务发票

2006000954　　　　0232246

发　票　联

客户名称：东郊宾馆

税务登记证号：　　　　开票日期：2006 年 12 月 31 日

客户名称				头税务登记代码								
品　名	规格	单位	数量	单价	金额							备注
					万	千	百	十	元	角	分	
水果					1	5	0	0	0	0	0	
金额合计（大写）	壹万伍仟零佰零拾零元零角零分				1	5	0	0	0	0	0	
销售单位	（加盖财务专用章或发票专用章）	开户银行		结算方式					银行口现金口			
		账　号		电话								

开票地址：　　　　开票人：张新　　　　收款人：

业务 24－2：

中国工商银行

转账支票存根

XI08508723

附加信息

出票日期 06 年 12 月 31 日

收款人：	徐州准海水果
金　额：	¥15000.00
用　途：	支付供货款

单位主管：王月红　　　　会计：李明

业务 25－1：

酒店餐饮部 12 月份累计领用食品原材料 78 600 元，各种调料 1 920 元。经实地盘存，12 月份餐饮部领用原材料及各种调料数即本月耗用数。（附件二张：物资领用汇总表）

物资领用汇总表

领料部门：餐饮部　　　2006 年 12 月 1 日至 2006 年 12 月 31 日

品名	规格	单位	数量	单价	金额	备注
米		千克	1100	3.00	3300.00	
面		千克	500	2.80	1400.00	
肉		千克	1932	20.00	38640.00	
油		千克	1724	5.00	8620.00	
水产品		千克	1696.7	12.00	20360.00	
干货		千克	348	18.00	6280.00	
合计					78600.00	

业务 25－2：

物资领用汇总表

领料部门：餐饮部　　　2006 年 12 月 1 日至 2006 年 12 月 31 日

品名	规格	单位	数量	单价	金额	备注
盐	450 克	袋	200	1.00	200.00	
鸡精	500 克	袋	40	4.00	160.00	
花椒		千克	6.7	90.00	600.00	
胡椒		千克	2.5	200.00	500.00	
酱油	500 克	袋	220	1.00	220.00	
醋	500 克	袋	240	1.00	240.00	
合计					1920.00	

业务 26－1：12 月 31 日，分配本月应付工资费用 100 000 元，其中餐饮部员工工资 48 000 元，客房部员工工资 30 000 元，旅行社员工工资 12 000 元，管理部门员工工资 10 000 元）。（附件 1 张：工资分配表）

工资分配表

2006 年 12 月

序号	部门	人数	工资金额	备注
1	餐饮部	50	48000	
2	客房部	30	30000	
3	旅行社	9	12000	
4	管理部	8	10000	
合　计		97	100000	

业务27－1:餐饮部全月销售酒水累计收入为100200元,月末结转销售成本50200元。

业务28－1:12月31日,月底结转当月损益。本月除发生以上各项收入和支出外,各部门营业收入、营业成本累计如下表: (单位:元)

部门	餐饮部	客房部	旅行社
累计收入	250300	208 000	82 000
累计成本	50600	116 000	51 000

此外,本月管理费用累计发生18 000元。

业务29－1:计提本月营业税及附加、本月应交企业所得税(营业税为营业收入的5%,城市维护建设税为营业税的7%,教育费附加为营业税的4%,所得税税率为25%)。

业务30－1:12月31日,结转本月收支,转入“本年利润”账户。

业务31－1:12月31日,按税后利润10%计提盈余公积,并将提取盈余公积后的利润余额按80%的比例作为应付投资者利润。

读者反馈意见

亲爱的读者：

感谢您对《会计分岗综合模拟实训》的学习、支持和热爱，为了今后为您提供更优秀的服务，请您抽出宝贵的时间来填写下面的意见反馈表，以便我们更好地对本教材做进一步的改进。如果您在使用本教材的过程中如遇到了什么问题，或者有什么好的建议，也请您来信、来电告诉我们。

地址：北京市丰台区科学城南极星大厦 108 室

电话：010－83794590/ 83794403

电子邮箱：caikai6223@263. net　　QQ：649319527　　QQ：1694299827

网址：WWW. KFHWH. CN

教材名称：《会计分岗综合模拟实训》

个人资料：

姓名：__________年龄：__________所在院校/专业______________

文化程度：____________通讯地址：________________________

联系电话：____________电子信箱：________________________

您使用本书是作为：□指定教材□选用教材□辅导教材

您对封面设计的满意度：

□很满意□满意□一般□不满意□改进建议____________________

您对本书印刷质量的满意度：

□很满意□满意□一般□不满意□改进建议____________________

您对本书的总体满意度：

从语言质量角度看□很满意□满意□一般□不满意□

从科技含量角度看□很满意□满意□一般□不满意□

本书最令您满意的是：

□指导明确□内容充实□讲解详尽□实例丰富

您认为本书在哪些地方应进行改进？（可附页）

____

____